福祉社会学の思考

Adachi Kiyoshi

安立清史

弦書房

〈装丁・写真〉毛利一枝

目　次

はじめに――もうひとつの世界へ向けて

「福祉社会学の思考」とは何だろう。社会学とも社会福祉学とも違う何かなのだろうか。違いを考えるという発想だと二次元上の対立になってしまいそうだ。そうではなく、より高次の視界や発想を持ちたいと思う。

一九八〇年代後半から現在にいたるまでの三十数年は、私にとって、時代や社会と福祉の激しい変化に出会った一期一会の経験だった。すでにある社会ではなく「もうひとつの社会」が現れようとしていて、それを作ろうとしている人たちにも出会った。眼を開かれ、教えられ、共振してきた。この時期は、住民参加型在宅福祉サービス活動団体という自然発生的な運動が全国にわき上がっていた。阪神・淡路大震災のあとの「ボランティア元年」をへて、特定非営利活動促進法（通称NPO法、一九九八）ができた。介護保険制度の発足とあいまって介護系NPOが躍進する時代だった。その間、私は在外研究に出かけて、米国の非営利組織や非営利セクターの躍動する姿をまのあたりにして驚いた。そこからNPOや非営利組織の比較社会学へと関心が広がった。その後、介護保険制度の有為転変や、様々な揺り戻しと逆行にも遭遇したが、それらもまた思考を刺激する原動力になったと思う。

後ろ向きにふり返るのはいやだった。しかし前ばかり見ていると「乗り越え」どころか「踏み外し」になりかねないこの時代だ。持ちこたえ見つめ直し、踏み固める作業も必要だろう。思えば私がやってきたことは「提案」や「答え」を出すことではなかった。ふつうの見方とは違った視界をつくりだそうとしてきたつもりだ。福祉や社会についての新たな問いと見方がそこに生まれればと願う。

＊

第Ⅰ部の「福祉社会学・再考」は、これまでの福祉社会学の歩みをたどり直す。一九八〇年代から現在まで、社会福祉制度（制度的福祉）が大きく転換する時期に、まだ現れていない福祉をもとめて市民や住民から活動が湧き起こった（自発的福祉）。福祉社会学は、まさにこの時代と活動に共振しながら併走してきた。あの活動は介護保険への「起原」のひとつでもあったが、それ以上の可能性もあったのではないか。

第Ⅱ部の「福祉社会学の思考」は、この二〇年間ほどの間に書いてきた論文のいくつかをおさめた。日本の社会福祉の歴史を百年の展望のもとに概観した「福祉社会の行方」。米国の高齢者の四割以上を会員にもつという巨大な高齢者NPO（AARP）が、どのようにエイジズムと戦い、どうやって「定年制度」の撤廃につなげたのかを論じた「米国のシニアムーブメントはなぜ成功したか」。私たちはなぜ超高齢社会という見方に囚われてしまうのか。その視界を反転させよう、と問い直した「高齢社会というペシミズム」。日本のＮＰＯと米国のそれを比較検討しながら、今後の課題を考えた「日本のＮＰＯ研究の二〇年――社会福祉とＮＰＯ」。ここには具体的な答えや提言というよりは、なぜそう考え、そう行動してしまうのか、という「問い」をもった文章をおさめた。

第Ⅲ部の「福祉社会学の課題」は、これまで論じてきたことをふまえて「では、どうしたらいいのだ」という問いへの応答のつもりで書いた。より先へ進むためには思い切った発想の転換が必要だ。少子・高齢化や人口減少、超高齢社会というような大きな問題群を真正面から考えようとすると、誰もが考えそうな悲観的な未来予測と後ろ向きの対策論になってしまう。しかし、この危機感を逆に活用して別の道や方向へと転回させる方法があるはずだ。そのヒントになるのが〈「君たちはどう生きるか」をどう見るか〉である。

＊

陶芸家・河井寛次郎は、「新しい自分が見たいのだ―仕事する」と書いた。そのひそみにならいたい。しかし福祉社会学がめざすのは「新しい自分」ではないだろう。「まだ見ぬ私たち」あるいは「まだ現れていない、もうひとつのこの世界」ではないか。

I

福祉社会学・再考

私がたどってきた道をふり返りながら福祉社会学を再考し、これからの課題へとつなげていきたい。

社会福祉と福祉社会学の世界に出会ったのは、都心の原宿にあった社会福祉系の日本社会事業大学社会事業研究所に職をえた一九八七年だった[1]。社会学と社会福祉学――それは似ているようで微妙に違う異世界でもあった。しかし一九八〇年代から九〇年代にかけての社会福祉の世界は、社会学で見てきた世界よりもはるかに急激に大きく動いていた。すでに福祉改革が大きくうねり始めていて、新しいビジョンや構想が熱を帯びて論じられていた。みるみるうちに制度や施策が動き始めるのを目の当たりにして視界が急に広がっていく思いがした。

当時、全国で自然発生的に始まっていた住民参加型在宅福祉サービス活動団体の全国調査に加わって、様々な人たちに出会っていくうちに、これは社会福祉学の対象だと考えられているが、じつはそれ以上に社会学の世界ではないかという思いが深まっていった。しかし「社会福祉」の世界は、制度的福祉と自発的福祉の複合でもある。双方を見ていくうちに、制度的福祉よりも自発的福祉の領域のほうへ関心が傾いていったのはやはり社会学を学んできたからだろうか。そして一九九四年から九五年にかけて米国での在外研究の経験をへて、私の関心は決定的に福祉社会学のほうへ向かっていった。

1　高齢化・福祉改革・市民福祉

一九九〇年代をつうじて私は「社会福祉学とは違う福祉社会学」あるいは「社会福祉学ではない福祉社会学」のあり方を模索していたように思う。当時、「福祉社会学」という学問領域は存在していただろうか。「福祉社会学会」が設立されたのが二〇〇三年のことであるから、当時はまだ明確には福祉社会学という学問領域は定まってはいなかった。(2)

私にとっての地域福祉社会学や福祉社会学は、一九八〇年代から取り組んできた「住民参加型在宅福祉サービス活動」の全国調査に関わる中でしだいに形成されてきたものだ。しかし「住民参加」という言葉にはしだいに違和感を持つようになった。それは政府行政の視点から「住民」に福祉への参加を呼びかけているからだ。いわば行政的パターナリズムの色濃いものと感じるようになってきたからだ。「住民参加型」でない「市民参加型」ならどうか。「参加」という見方にも違和感をもつ。福祉とは政府行政が中心となって行うものへの住民や市民の参加、という暗黙の構図がある。住民よりも市民のほうにより能動性や主体性が感じられるとしても、この発想ではあくまでも政府行政が中心となるだろう。

私は一九九四年から一九九五年にかけて米国ロサンゼルスにあるＵＣＬＡ（カリフォルニア大学ロサンゼルス校）の Graduate School of Social Welfare で在外研究の機会をえた。(3) 米国では「社会福祉（Social Welfare）」という言葉は、日本におけるそれとはニュアンスや含意が大きく異なる。(4)連邦政府からの市民生活への直接の介入は慎重にさけられる傾向があり、社会福祉はむしろ政府資金なども活用して民間非営利組織が自主的・自発的・非営利的に行うのがふつうだ。その中心となるのが民間非営利組織（Non Profit Organization）で、民間の自主・自発こそが望ましいと考えられている。「公共の福祉」は政府中心に行うべきだという日本的な意識がほとんど存在しないのである。政府は公共の（ごく）一部を、市民や民間ができない一部を担うだけだという考え方――これが米国留学から私が受け取った日本との大きな違いだった。日本の社会福祉学はGHQの占領政策と向き合うことから展開してきた。そして米国流の社会保障とはちがう日本的な社会福祉を模索してきたと言えよう。しかしその社会保障や社会福祉の責任主体は、GHQが日本政府に命じた「国家責任」という軸にそったものでもあった。そうした社会福祉学とは違った市民福祉を市民や市民社会が作っていく過程を研究する社会学――それが当時の私の考えた素朴な福祉社会学の姿だった。(5)一九九五年の阪神・淡路大震災のあと、日本社会も大きく変わりはじめていて、その後、特定非営利活動促進法や公的介護保険制度が発足するなどしていたからだ。しかし予想以上に介護保険制度が急速に普及して、住民参加型在宅福祉サービス活動などを呑み込んで高齢社会政策の基軸として大きな存在となっていった。介護保険だけでは足りないから、市民や住民が自主的につくる活動やサービスも必要になる、という予測は、方向性としては正しかったと思うが、現実をみると現在までのところ当たってはいない。介護保険制度も三年に一度の

「改正」のたびに、本来の制度の理念が萎縮していくという事態は、当時は予測できなかった。

2　NPOは社会を変えるか

米国留学で私がもうひとつ強く印象づけられたことがある。それは高齢者団体AARP（旧・全米退職者協会）の存在である。[(6)] 福祉社会学という視界にまっさきに眼に入ってきたもの――それが米国における高齢者の主体的・能動的・積極的な活動であった。しかもNon Profit Organizationという一見すると非営利なのか営利なのか判別できないような不思議な矛盾と謎にみちた米国ならではの組織のあり方だった。これは日本の福祉組織とはまったく違っていた。研究しなければ分からない不思議な組織だった。しかもこうした団体がじっさいに、アメリカという社会を変えているのだ。[(7)]

アメリカからみた日本の高齢者像、それは「定年制度」のもとで、一律に所属組織から退職させられ、いわば社会から排除されるのだが、その排除に唯々諾々としたがっていて異を唱えない存在とみえるはずだ。[(8)] 退職後は受動的な存在となるのが日本の高齢者の平均的な姿だが、アメリカでは「定年制度」は憲法違反である。人間を「年齢」という属性だけから見て、社会的な処遇を決定するからである。それは人種差別・性差別とおなじ「年齢差別（エイジズム）」であるとする見方には心底驚いた。これこそ社会学だと思った。ラディカルであり原理的である。社会学者はここで心底驚かねばならない、そう思ったのだ。この驚きを共有したのが日本の市民活動に長年コミットしてきた田中尚輝氏ら市民福祉団体全国協議会の人たちだった。こうして『高齢者NPOが社会をかえる』（二〇〇〇）を著すことになった。

これに関心を示したのは高齢者というよりは、意外にもむしろ大企業の人事部関係者だった。しかしその関心はAARPをモデルとして退職した会社OBを組織化し、企業のシニアマーケットに活用する、という程度のことで、福祉社会学とは正反対の関心の持ち方だったように思う。

エイジズムとその克服というテーマは、当時の日本ではあまり受け入れられないようだと気づいた。それは当時の日本社会が頑強な企業社会であって、定年制度がエイジズムであるという主張は、その組織秩序を崩しかねないからでもあったろう。また年金や医療、社会保障や社会保険など社会制度の大転換につながりかねないからからでもあっただろうか。主旨としては「分かる」けれども今は「かきまわさないでほしい」ということだったろうか。日本社会にはさまざまな問題や課題があるが、それを一挙に改革するわけにはいかないのだから、様子をみながら慎重に対応していこう、ということだったかもしれない。私としては、不発に終わったこの問題提起は、いつの日にか「解凍」されて表に現れてくるに違いないと考えている。

3　介護系NPOの展開と課題

特定非営利活動促進法が制定されてボランティア団体が法人格を取得することができるようになり、それが二〇〇〇年からの介護保険の施行と大きく共振して、全国に福祉NPOブームが沸き起こった。住民参加型在宅福祉サービス活動として、有償ボランティア的な活動で行っていたものが、介護保険サービスとなって事業化された。年間数百万円程度の事業高だった団体が、あっというまに数千万円になり、数億円になる団体も現れた。この短期間での急激な発展は、福祉社会学にとっても、市民活動団体にとっても、マスメディアにとっても格好のテーマとなった。こうして私たちは『介護系NPOの最前線』（二〇〇三）を三名の共著として出版した。市民団体の事務局長としての田中氏は、市民活動が基盤事業をもつことで社会的な影響力を高めるところに注目していた。新聞社記者だった浅川澄一氏は、高齢社会と介護保険の経済効果や女性が起業していく過程に関心をもっていた。私はボランティア団体がNPO法人となっていく過程の中に、社会運動論や社会変革論、組織社会学の観点から関心をもっていた。それまでの日本の社会運動は多くの場合、体制批判が中心でオルタナティブ（代替案）なし、ということが多かったと思う。今回は、ボランティアからNPO法人になった団体が、社会制度の内側から社会を変えていく――そういう期待があったのだ。しかも福祉系のNPO法人は、その多くが女性のリーダーによって始まり展開していた。理念やビジョンと実践や組織力を両方兼ね備えた新しいリーダーが続々と出現していた。私が訪問した各地のパワフルなＮＰＯ法人は、その多くが一九八〇年代から活動を始め、ボランティア団体として住民参加型在宅福祉サービス活動（それは、ひとり暮らし高齢者―その多くが女性だった―の在宅生活を支える活動だった）を持続・継続・発展させるために、どうしたら良いか悩み抜いてきた人たちだった。営利会社組織にはしたくない、かといって行政の管理下にはいって自主性を失いたくない、そういう思いをもつ人たちだった。会員制度として運営したり、バザーや寄付、有償での活動でまかなったり、制度や政策の隙間をねらって補助金や助成金をえて存続させたりなど工夫をこらしていた。こうした人たちが、ＮＰＯ法人となって介護保険制度のもとで、一挙に伸びてきたのだった。介護保険制度発足わずか数年で億単位の事業高に達する団体も複数あるのは驚きだった。ここから米国におけるＡＡＲＰのような発展が始まるのではないか、そういう思いから全国のさまざまな福祉ＮＰＯの見学と聞き取りにでかけた。女性リーダーへのインタビューでは新鮮な発見が多々あった。この先進的な福祉ＮＰＯを訪問していく中で、後の「二つの中心をもつ楕円」というイメージが膨らんできた。社会運動は理念から社会批判を行う。会社組織は組織を持続・継続・発展させるために収益事業を行う。この二つが、交わりをもたずに、ふたつの独立した相互排他的な存在になっていたそれまでと違って、介護保険制度とＮＰＯ法人とが、「二つの中心をもつ楕円」のような形をした第三のハイブリッド組織の可能性を開くのではないか。そういう期待がめばえたのだ。もちろんそうかんたんなものではなかったのだが、未来構想ビジョンとしてはいまでも有効な見方ではないだろうか。

4 福祉NPOの福祉社会学的分析

二〇〇〇年にジョンズ・ホプキンス大学で半年間、在外研究を行った。当時、ジョンズ・ホプキンス大学では政策研究所（Institute for Policy Studies, The Johns Hopkins University）を拠点にレスターM. サラモン（Lester M. Salamon）教授を中心とした「非営利セクターの国際比較」や「Global Civil Society」研究が行われており、NPO研究者から世界的な注目をあつめ活況を呈していた。調査研究だけでなく旧共産圏諸国から大学院生を招いて非営利組織や非営利セクターのマネジメント教育なども行っていた。冷戦終結後の東側の旧共産圏諸国の民主化支援が必要になっていたが、国連はもとより米国を中心とする西側諸国が表だって東側諸国を支援することは他国への政治介入となるので難しかった。そこで米国を中心とする民間の財団などが民主化支援の一環として、米国流の市民セクターや非営利組織・非営利セクターの形成を支援するプロジェクトを開始していたのである。ジョンズ・ホプキンス大学はそのもっとも大きな活動拠点のひとつとして活動していたのだ。ここでロシアやブルガリアなど旧共産圏諸国からやってきた学生や市民活動家と交流したことは私の国際比較研究にとって大きかった。またサラモンから直接教えをうけたことも得がたい経験だった。[9] NPOという言葉や概念を世界に広めたのはサラモンたちの大きな功績である。NPOとは何かについて分かりやすいシンプルな定義を提供して世界中の非営利組織研究者に大きな影響も与えていた。しかし今ふりかえってそれを詳細に検討してみるといくつかの限界もあった。それは「非営利セクター」というフィルターを通してみると世界はどう見えるかという新しい世界地図づくり、仮説づくりのようなものだったと思う。世界を新しく概観する時には役立つ操作的な定義だったが、それは米国流のフィルターを通しての世界地図だったのだと思う。またサラモンたちのグループが行った非営利セクターの世界比較やグローバル・シビル・ソサエティー研究などは、世界中の研究者を動員した大規模なものであったが、基本は米国流の「非営利」定義にもとづく世界地図の作成であったとも思う。彼は冷戦後の世界の新しい未来像を提供するオピニオンリーダーであり、大規模なプロジェクトを運営するマネジメントリーダーだったのだ。

非営利組織のマネジメント

当時、米国では大学院レベルでのNPOマネジメント・コースが流行していた。ARNOVA(The Association for Research on Nonprofit Organizations and Voluntary Action)という非営利組織・非営利セクターやNPO研究者の国際学会に何度か参加したのもこの頃である。その後、二〇〇五年には米国のワシントンD.C.にあるAARP本部を訪問して関係者にインタビューしたり、ハワイ州などのAARPの州ごとの事務所を訪問したり様々な内部資料を見る機会もあった。

こうした経験をふまえて、一九八〇年代後半からの日本での住民参加型在宅福祉サービス活動調査の成果と、米国でのNPOの理論と実態のリサーチをふまえて、これまでの論文を総括的にまとめようとしたのが『福祉NPOの社会学』(二〇〇八)である。現時点からふり返ると、いくつか課題を積み残した。たとえばヨーロッパの社会的企業(Social Enterprise, Social Entrepreneurship)や協同組合、ソーシャル・ファーム(Social firm)、自主管理会社(Employee ownership)、コミュニティ・ビジネス(Community Business)などの研究動向はあまりカバーしていない。また国際的な非政府組織(Non Governmental Organization)なども論じていない。さらに市民運動、労働運動、社会運動との関係や関連などにもあまり言及していない。能力的な限界もあるが網羅的に言及することに意味があるとは思えなかったからでもある。とりわけ社会的企業やコミュニティ・ビジネスなどは、日本の介護保険市場との関連で、興味深いものだとは思われたが、福祉の民営化が進む日本の流れの延長線上に収まりが良すぎるように思われたのだ。特定非営利活動促進法や介護保険のあとには、営利でも反営利でも無営利でもない「非営利」という新たなあり方が必要になるのではないか。その理論モデルや組織発展モデルは、これまでの官民協調しながらの日本の社会福祉市場の形成とは異質な方向性を研究することで新たに見えてくるのではないか。そう思われたのである。

いささか偏った視野からのまとめだったかもしれない。当時、考えていたNPOの発展モデルは、日本の介護保険市場では予想通りには展開しなかった。むしろその後のネオリベラリズム（新自由主義）的な思考や発想に引きずられやすいモデルになったかもしれない。さらに、米国流の理論やモデルを視野に収めようとして、かえってヨーロッパ流の理論モデルとの距離や差異化を意識しすぎたかもしれない。しかし私には「社会的企業」という発想よりも、米国という資本主義の中心地から生まれた「非営利」—それは資本主義に反対する反営利でも無営利でもない独特のもので、あえていえば資本主義と共存しながら、資本主義とは違う社会のあり方を示しているように思われた。

非営利組織の日米比較

当時、ピーター・ドラッカー（Peter Drucker）の経営学を、非営利組織のマネジメントにも生かそうとする「非営利組織の経営」が注目されていた。しかし日本では資本主義的な組織マネジメントの発想を、非営利組織に持ち込むと一見うまく行くようにみえて必ずしもそうはならない。ドラッカーの議論を読むとそのパラドクスが分かる。ドラッカーの経営学は、必ずしも資本主義的な経営学ではない。むしろ宗教社会学的なベースを持っている。米国の資本主義は「プロテスタンティズムの倫理」から発した資本主義という面を残しているからだ。ドラッカーの経営学のベースにもその倫理観があるように思われる。二〇〇五年に半年間、Boston College（カトリック系だがビジネス・スクールが有名な私立大学）で客員教授をつとめた時に、あらためてそのことを感じた。何のための合理的な組織マネジメントなのか。そのベースには宗教組織のマネジメントがあるのではないか。それを「教会のような協会」の経営として考えてみると分かりやすい。考えてみれば米国でAARPのような非営利組織が巨大化していったのはたんなる偶然ではなかった。高齢者集団の自己利益のためだと考えるのは底が浅すぎる。高齢者が社会的な連帯をもつ必要性と「ミッション（mission）」とが共振したからではないか。ミッションはその語義からして「使命」であるとともに「伝道」である。伝道するためには組織の合理的な運営と拡大が必要だ。社会集団の理念的使命とそのほとんど伝道のための合理的な組織運営・経営——そこに非営利組織と経営との共鳴現象があるのではないか。こうした複合体であったからAARPは非営利事業（高齢者のためのグループ医療保険の仲介）で成功し、それをさらに拡張していったのではないか。

非営利組織のミッション

米国の大きな非営利組織、たとえばAARPを日本に紹介すると、有力なNPOリーダーの人たちから次のような異論を受けることがあった。「NPOは、はたしてAARPのように大きな組織になるべきなのだろうか。違うのではないか。小さい組織のほうがNPOらしい活動ができるのではないか」というのだ。当時はうまく答えることができなかったのだが、いま再考すると、ここに「ミッション（使命と伝道という二重の意味がある）」という補助線を引くことで、日米の非営利組織の違いが見えてくるのではないか。

日本のボランティア活動は、「いま、ここ」[10]で苦しんでいたり困っている人たちへの「やむにやまれぬ思い」からの活動が中心であろう。直に共鳴でき、直接にふれあうことのできる範囲の活動が、日本の典型的な福祉ボランティア活動であり、それを超えると、どこか抽象的でよそよそしいものになってしまう。日本に大きな福祉NPOがなかなか生まれない理由のひとつは、そこに（も）あると思う。大きな組織への疑問と懐疑——それは個人の思いが反映されなくなることに由来するだろう。

それにたいしてAARPをはじめとする米国の非営利組織の発想は異なる。個人の思いがこもった小さな組織の個々の活動だけで十分とは考えないだろう（もちろん多くの例外はあるにしても）。組織が大きくなるのは、人びとに求められているからだ、そう考えるはずだ。それは使命（ミッション）の正当化と関連する。一部の人だけでなく多くの人びとへと活動や価値が伝わることが必要だ（伝道）。小さな活動を超えるために非営利組織の合理的な運営と経営が必要になる。

こう考えると、米国流の非営利組織は、グローバル資本主義の発想と根底において相通じているのではないか。ともに人びとがそれを求めていることが正当化の論理となる。求められているから発展し大きくなっていくという論理は、資本主義だけでなく非営利組織でも同じなのだ。そこにはM・ヴェーバーの言うような宗教倫理的な背景もあるかもしれない。米国では、営利組織も非営利組織も、合理的な経営が求められるのはそのためではないか。

社会的企業は日本人には理解しやすい。それにたいして米国流の非営利組織は日本の通常の価値観とは方向が異なっているから難しい。表層的に理解して日本の非営利組織に応用すると、ミッション性ではなく経済的・組織的な合理性がまさってしまうのだ。その意味で、グローバル資本主義時代の非営利組織のあり方は難しいところにさしかかっている。この先、何のための非営利組織なのかという問いを考えるうえで、「非営利」という概念はより重要なキー概念になるのではないか。この思いが『21世紀の《想像の共同体》――ボランティアの原理　非営利の可能性』(二〇一一)へと引き継がれた。

5　超高齢社会という呪文

二〇二〇年は介護保険の施行二〇周年であった。介護保険制度は時代の転換期に現れた画期的な社会政策だったと思う。阪神・淡路大震災のあと特定非営利活動促進法(NPO法)ができ、超高齢社会への社会的対応として「介護の社会化」を掲げる介護保険制度が施行され、「社会福祉」概念がしだいに転換していくことを多くの人が感じていた。社会保険として設計された制度ゆえに、福祉の民営化をすすめ国家責任を回避するものだと批判されたりもしたが、そうした批判もふくめて、総合的にみると新時代をひらくものであった。福祉NPO研究者としては、NP

Oの事業基盤や存立根拠があらたに生まれ、このプラットフォームのうえで、NPOの新たな発展モデルが描き出されそうだと予想していた。それは「福祉」という概念のグローバル資本主義時代にあわせた変容になると思われたのだ。

ところが実際には必ずしもそうはならなかった。介護保険制度は三年ごとに制度見直しが行われ、二〇二三年現在までで六回の「改正」がなされてきた。[11] 高齢化と軌を一にするように利用者の急拡大と公的な財政負担の増大が問題とされ、発足したあとは「制度の持続可能性」の観点から、利用者にたいしては介護保険料の値上げや利用者負担分の見直しなど、次第に利用の抑制や制限がかけられた。介護保険事業所にたいしては介護報酬の見直しや抑制などで介護職の人手不足が問題となった。当初に描かれていた「介護の社会化」や「措置から利用へ」といった理念はいつのまにか「制度の持続可能性」の議論のまえに縮小していった。

「成功なのに失敗」という逆説

もちろん利用者の急拡大による政府行政の財政負担や制度の持続可能性の議論は理解できる。しかしここで踏みとどまって考えるのが福祉社会学の役割ではないだろうか。私は「介護保険――成功なのに失敗？」（二〇一七）という観点からこの問題を考えてみた。介護保険を「成功」と考える人は誰か。主として女性や家族介護を担ってきた人たちであり、利用者や利用者家族であったろう。それにたいして「失敗」と考えるのは誰か。主として政府行政などの制度や政策の運営に携わる人たち、そして福祉や介護の行方よりも、日本経済の行方に関心をもつ人たちではないだろうか。そう考えてみると介護保険制度への評価が、二つに分かれる理由の一端がみえてくる。じっさいに高齢者や介護に関わる人たちにとっては大きな「成功」とみえるものが、財政や制度の管理運営の中長期的な予測をする人たちにとってはこのままでは危ういとみえてくる。双方にとってそれは現実をふまえた評価なのだが、見ている「現実」が異なっているのだ。これはどちらが正しくどちらが誤っているといったレベルの問題ではなく、複眼的に見なければならない課題だと思われた。介護保険の二〇年をみると、双方の見方が対等の立場にたって論議されてきたとはいえず、日本の社会保障・社会福祉・介護保険などの改正論議をあまりにも政府主導色の濃いものにしてきたと思われる[12]。

その後におこったコロナ禍は、「エイジズム」を不可視のうちに世界規模に拡大させた。それは今後の世界に大きな禍根をのこしたと考える。ほとんどの人たちが人間を年齢を基準として見てしまう。それは意識的に乗り越えないかぎり自動的にエイジズムに染まってしまうだろう。こうした領域について意識化することは福祉社会学のひとつの効果であり役割ではないだろうか[13]。

6　コロナ・パンデミックと「二つの中心をもつ楕円」

二〇二〇年、突如はじまったコロナ禍のパンデミックは、またたくまに世界中を巻き込んだ。とりわけ基礎疾患をもつ人たちや高齢で危険性が高まると言われた。パニックのようになった医療現場では「トリアージュ（Triage）」が行われるような状況だったらしい[14]。このトリアージュ状況は多くの問題や課題を残した。それは人間による人間の選別を、非常事態という状況の中で合理化していく論理でもあるからだ。「では、どうしたらいいのだ」という悲痛な叫びとともに、このトリアージュは世界的に浸透していった。いまだコロナ禍は完全には終息していないから、軽々に結論めいたことをいえる段階にはないが、こうした経験は、とりわけエイジズム（年齢差別、とりわけ高齢者差別）と結びつきやすいと思う。それは年齢を理由とした人命の選別や差別につながりかねない。全世界的にコロナ禍の経験で、年齢を基準として人間を区別する流れは強まるのではないか。それは医療や看護のために必要だという一見したところ合理的な理由で覆われていて、その奥底にエイジズム的な見方が潜在していることを見えにくくさせる。あくまでも非常事態時だけの論理であるべきで、この見方をひきずってはならないと考える。これは福祉社会学だけの見方ではない。新約聖書の「迷える子羊」のエピソードとして語られていることではないだろうか[15]。医療や科学は、命の軽重を合理的な論理で判断しようとする。イエスの教えはそれと真逆の見方を示す。人間の考える表層的な合理性への戒めではないだろうか。[16] これはコロナ禍のあとの世界へ持ち越された大きな課題だ。

もうひとつは、グローバリズムやナショナリズムという大きな「想像の共同体」に対抗できるのは、非営利組織という小さな〈想像の共同体〉ではないかという論点だ。二〇世紀の後半、冷戦の終結後、世界はグローバル資本主義と宗教的原理主義（の形をとった反グローバリズム）との対立構図になった。この対立を二次元平面上での「正邪」や「善悪」の対立構図と見るべきではないだろう。ここで考えたいのは「二つの中心をもつ楕円」という視界である。世界をグローバルな円だと考えると、究極的な中心は一つへと収斂してしまう。そうではなく、世界を「二つの中心をもつ楕円」とイメージすべきではないか。この視野なら営利の論理と非営利の論理とは共存可能だし、むしろ互いを必要としあうものになるはずだ。さらに言えば二次元平面上の楕円ではなく三次元の広がりをもつ楕円形だと考えればより含意は深まるだろう。それは「非営利」という概念を拡大できるのではないか。そもそも「非」という概念は、反世界を提示しているのではなく、端的に「もうひとつの世界」があると言っているだけなのだ。[17] グローバルな世界だけでなく、もうひとつの世界がありうる。それは多様な可能性の開示であり、すでにあるものの否定ではない。グローバル世界の中の非営利という視界は、見田宗介が「交響圏とルール圏」という表現で指し示したものの別の表現だと考えたい。[18]

7 無償と有償――ボランティア概念の拡大とその先

「ボランティア」[19]は社会福祉学、福祉社会学のみならず社会科学の理論にとって重要な研究テーマだ。人間の自発性と社会性はいかにして生まれるのか、自発的な個人の行為が社会組織や集団の形成とどのように結びつくのか、それがいかなる理路をたどってなのか。しかも経済的なインセンティブでない別のメカニズムによって可能になるのはなぜか、等々の重要なテーマが含まれているからだ。「ボランティア」を探求することは、言ってみれば「社会」の起原を探る試み、「社会」がどのように形成されるのかについての原理的な探求のひとつなのだ。政治や権力などによる「上からの国家形成」とは逆のベクトル「下からの社会形成」の原型ではないか。しかしここまでなら誰でも考えつくことだ。世の中にボランティア論があふれているゆえんである。その先が難しい。「ボランティア」を論じるには、いったい何をどう論じたらよいのか。「福祉」を論じることの困難さと似ている。良いことは良いことだ、という同語反復にならない立論がいかにして可能か。私が『ボランティアと有償ボランティア』（二〇二二）という著作で試みたことは次のようなことだ。

第一は語原にさかのぼる方法を逆手にとって、語原の先まで遡ろうとしたことだ。第二にボランティアを「労働でない仕事」への媒介項として考えてみたことだ。そして第三に「有償と無償」という対立軸を、二次元上での対立ではなく「二つの中心をもつ楕円」という三次元的な視界の中に位置づけてみることだった。なぜなら「ボランティアは無償の社会的行為だ」と限定することは、その意味を狭く、しかも浅くしてしまうと思われたからだ。ボランティア概念を、広い視野で社会理論の中に位置づけるためには、より原理的な思考が必要だと考えたのだ。

第一の語原論――これは定義論と密接に関わってくる。有名な論として、早瀬昇はボランティアのラテン語原にウォロ（volo）があることを重視している。[20] volo は Volcano の語原にも含まれていることから、自然自発的に発生する内側からの行動の噴出だとする。金銭や名誉などの見返りなしの、内側からの自然な発露、やむにやまれぬ思いや行動への展開とみる。それゆえに「有償ボランティア」をボランティアと表現するのは矛盾だとする。分かりやすい議論だが、ここには微妙な問題がたくさん含まれていると思う。そもそも有償と無償とは、それほど簡単に切り分けられるものだろうか。内発と外発も同じだ。それをあえて切り分けるところから「ボランティア論」は始まるのだが、ここに定義から始める「翻訳文化[21]」の特徴が刻印されているのではないか。

ボランティア活動していくとボランティア活動できなくなる

「ボランティア」という言葉は、外来語でありつつ日本語になっている。そこに不思議さがあり、人びとを魅了する力がある。「ボランティア」という不思議な外来語に日本にはない何か新しい価値や原理を直観し、それに惹きつけられるのだ。しかしその意味するところはよく分からない。なぜなら外来語で輸入された概念だからだ。ゆえに「定義」にこだわる人たちが出てくる。とりわけ有償と無償の境界が関門になる。外来語だから外国の定義や語原までさかのぼって考えようとする。すると「ボランティア」であるかどうかの分かれ目は「無償」の行為かどうかだと考える人たちがでてくる。ボランティアと言えば、自発的で無償の社会的行為のことだ、と定義されることがほとんどだ（現在でもほとんどの人がそう考えていると思われる）。しかし実際にボランティア団体を運営している人たちにとって積年の課題は、ボランティアを「無償」の行為として（だけで）考えていると、ボランティア活動もボランティア団体も成り立たなくなる、というジレンマである。つまり奇妙なパラドックスがある。「ボランティア活動していくとボランティア活動が出来なくなる」という問題が現れてくるのだ。これは社会学的にも重要な問題ではないだろうか。

この問題は、市民活動団体やボランティア団体を長年にわたって悩ませてきた。とりわけ介護や福祉の問題に取り組んでいる団体にとっては深刻だった。当然なのだ。問題がそこに山積しているからボランティア団体やＮＰＯは活動している。そしてその問題に真剣に取り組んでいくと、自発した人たちが思いついたときに、時間の余裕のある時に、すこしだけ関わる、というようなことではとうてい追いつかなくなる。持続的・継続的に人が人に関わることが必要な領域はたくさんある。そういう領域は、ボランティアではなく行政に任せておけばよい――そういう意見もあるだろう。ところがそうはいかないからボランティア活動が必要になるのだ。住民参加型在宅福祉サービス活動団体はその一例だ。制度がカバーする領域の外側に様々に新たな課題があらわれる。介護保険がうごきだすと、その周辺には、これまで冷凍保存されていた問題や課題がまるで解凍されたようにたくさん現れる。

「有償ボランティア」をどう考えるか

有償ボランティアの根拠づけとなる理論モデルをつくってほしいという声は以前からあった。そこで二〇二〇年に厚生労働省の老健事業として、福祉NPOの全国ネットワーク組織である認定NPO法人・市民福祉団体全国協議会（市民協）とともに取り組むことになった[22]。はじめに市民協の会員団体に「有償ボランティア」という仕組みをもっているかどうかを郵送アンケート調査で聞いた。市民協の会員団体など三四〇団体のうち回答があった一五七団体のなかで有償ボランティアの仕組みをもっている団体は七六・五％であった。じつに回答のあったNPO団体の四分の三以上が「有償ボランティア」にコミットしていたのだ。そこでそれがどのような仕組みなのかをアンケート調査とオンライン・インタビュー調査で調べていった。この調査であらためて分かったことがいくつもあった。まず第一に「有償」という言葉がおどろくほど多様な意味で使われていることだ。ついで、単発的でイベント的な関わり以上の関わりをつくろうとすると、「無償」ボランティアだけでは活動が成り立たなくなる。すると様々な誘因（インセンティブ）が持続的な関わりには必要だという発想になりがちである。こうしたありがちな発想から「有償ボランティア」という仕組みが出てくることも少なくない。しかしここが危ういところだ。ここで慎重に考えておかないと、その先に危険な陥穽があると思う。

実際にそういう問題が発生している。有名なのは千葉県の流山ユーアイ・ネットというNPO法人が税務署と争って敗訴した事例だ。介護保険事業とNPO団体独自の「ふれあいボランティア活動」とをクルマの両輪として運営していたのだが、税務署によって「ふれあいボランティア活動」は請負業（収益事業）として課税対象とみなされたのだ。裁判の過程で「ふれあいボランティア活動」を持続させるための仕組みとしての有償ボランティアを許容できる法律根拠はないことが明らかになった。法律の世界には「労働」という概念しかなく、労働基準法や最低賃金法、人材派遣業法など労働法制の中で判断されざるを得ないのだ。法人によって明文化されシステム化された有償ボランティア活動は、そのままでは「労働」と見なされる。あるいは労働法制に違反する活動、と見なされてしまう。(23)

「労働を超える仕事」の可能性

現代社会では「労働」の枠組みしかありえないのか。そんなことはないはずだ。D.グレーヴァーが「ブルシット・ジョブ」という概念で批判したのはもちろんのこと、H.アーレントも「労働」以外に「労働・仕事・活動」が「人間の条件」としてありうるという問題提起を行っている。さらに有名なのはマックス・ヴェーバーが『プロテスタンティズムの倫理と資本主義の精神』で展開した理論的考察だ。「労働」を「天職」とみなすプロテスタントの禁欲倫理が、労働を「労働」以上の宗教的な情熱へと導き、近代資本主義の最初のエンジンとなったと論じている。「ボランティア」論も、資本主義世界の中では「労働」しか許されない圧迫感ゆえにもうひとつの働き方として関心をひきつけてきたのではないか。つまり『ボランティアと有償ボランティア』という問題提起は、「労働でない仕事や活動」を模索する試みでもある。しかしそれを現実の「働き方」の中に位置づけようとすると、つまり実社会に実装しようとすると、労働関連法制と衝突してしまう。有償ボランティアは最低賃金以下での活動だから「対価」ではなく「謝礼」であるというような論理では通用しないのだ。それでは労働法制の枠組みにはじめから従属しているようなものだ。

そこで私は「有償ボランティア」をひとつの媒介項として考えた。それは「労働でない仕事」や「労働を超える仕事」へと展開していく迂回経路と考えてみたのだ。「有償ボランティア」はそのための過渡期的な姿となる。もちろん「無償ボランティア」であれば労働法制の支配する社会の枠外で安全にその居場所を確保できる。しかしそれでは「ボランティア」という言葉が本来もっていたはずの「社会」のあり方を内側から変化させていくという可能性や潜在力は萎縮する。「無償」という見えない天井に抑制されてしまうのではないか。「有償ボランティア」という一見、語義矛盾しているような論議を呼ぶ概念がそこで意味をもつ。論理的に矛盾しているように見えるからこそ、二項対立的な議論を脱して次の次元を思考できる。対立があればその先が見えてくる、そう考えたのだ。現状の有償ボランティアの限界を見定め、その先を遠望しようとする理論的な試みが「有償・ボランティア」を考えることだった。しかしそれは「消えさる媒介者」(vanishing mediator) のようなものではないか。(24)

8　福祉の「起源と起原」への遡行

社会学には「福祉の戦争起源論」という説がある。A. ギデンズをはじめ何人もの社会学者が述べていることで、戦争という「社会」の破壊のあとに「福祉」という社会復興が起こるという説だ。特に奇異なものでも斬新な説でもない。むしろ常識的な見方だろう。何より二〇世紀の歴史がそれを証拠立てている。(25) この説によればウクライナ等の戦後復興には世界からの福祉的な支援が行われることになるだろう。

しかしこの説を単純に受け取るだけでは二一世紀が二〇世紀の反復になってしまう。世界戦争があり、戦後復興の中で「福祉国家」が生まれた——しかしやがて「福祉国家の危機」がきて「福祉の民営化」が起こり——そういう流れが既視感のように見えてしまう。このようなステレオタイプの見方から脱出できないだろうか。そこで、歴史学のような「起源」をさぐる見方ではないものを構想した。[26]「福祉の戦争起源論」では戦争と福祉が反復していくような見方になってしまう。[27]しかし「起原」という概念を導入すれば、事件のたびに新たな可能性が顕れてくるという見方になるのではないか。ダーウィンは、けっしてひとつの源からの因果的な連鎖で種がつくられたというような見方を示してはいない。むしろ種の多様化が起こっていくのはなぜかという謎を解明しようとしたのではないか。[28]「起源」という発想はひとつの始まりへと収斂させていく傾向がある。「福祉の戦争起源論」のような発想では、つねにすでに起こったことの反復がこれからも起こっていく、という見方につながる。この考え方ではない「起原」という発想をとりたい。既視感のある因果論ではなく、新たな世界への入り口を探る論にしたかった。

「福祉」の新しい定義の可能性

二〇世紀の「福祉国家」論をもっとも前進させたエスピン＝アンデルセンの『福祉資本主義の3つの世界』（一九九〇）は、「福祉」の常識的な見方を逆転させた。つまり既存の前提や定義ぬきに二〇世紀の「福祉」の三つのモデルを見つけ出す新しい方法を開発した。エスピン＝アンデルセン本人がそう考えていたかどうかは別として、彼の理論的な手法を突き詰めていくと、それは前提なし仮説なしに多くの要因の間の相関から新しい分類を探求する多変量解析的な手法だったと言えるのではないか。

これまでの「福祉国家」論の多くは、まず「福祉」の要因を定義したうえで、それらがどの程度充足されているかを評価しながら福祉国家を研究していた。演繹法と帰納法という区別でいえば演繹法的な福祉国家の評価である。それにたいしエスピン＝アンデルセンの方法は帰納法的だと言えよう。独特の概念「脱商品化」という尺度や変数を用いて、各国の「ビッグデータ」を多変量解析的な分析手法に持ち込んだ。ビッグデータの中から因子分析的な方法でいくつかの軸を発見していく方法である。それは現在、ＩＴ産業が活用している手法に似ている。ネット上の人びとのビッグデータから「マイニング」していくと今まで見えなかったニーズや行動が浮かび上がってくる。前提のある調査や検査の手法では、前もって決められた仮説との適合度しか分からない。しかし仮定なしにデータから「発見」していく手法ならば新たな関連性、つまり因子分析におけるように新たな軸がみえてくる。もちろん因子分析の手法は、仮説の検定には使えない。しかし新たな仮説を形成するには有益な方法なのだ。

エスピン＝アンデルセンの導き出した結論（それによれば現代の福祉国家は大きく三つに分類されるという）は、今からみると疑問点なしとしない。しかし手法は斬新だった。そもそも彼の著作は「Welfare Capitalism の三つの世界」の分析だと表題されている。「福祉国家」の分類というよりも「福祉資本主義」の分類と考察だったのだ。福祉や福祉国家という既存の枠組みを超える新たな視界（それを福祉や福祉国家と呼ぶべきかどうかは別として）の探索方法を提案したのではなかったか。

この方法は演繹的な「起源」からではなく、事実やデータから新たな「起原」を可視化させるという帰納法的な見方へと私たちを導く。社会福祉学でない福祉社会学的な発想は、こういう方向へも展開可能なのではないか。もちろんこれは、社会福祉学の「歴史」やこれまでの理論的な展開を無視したり否定したりするものではない。しかし「福祉国家」の制度的な現実の中で考えていくだけでない「もうひとつの福祉社会」の構想の方法を示しているのではないだろうか。[29]

（1）日本社会事業大学という原宿にあった（現在は清瀬市に移転している）国設民営の私立大学という不思議な出自をもつ単科大学だった。後年、分かったことだが、福祉社会学会の初代会長の副田義也も、この大学の社会事業研究所から仕事を始めたのだった。不思議な機縁である。

（2）もちろんそれ以前に「福祉社会学」を冠した書籍もあるにはあったが、まだ不定形な存在だった。二〇〇三年に福祉社会学会が設立されたが、副田義也が福祉社会学という名称を冠した著作を発表するのは二〇〇八年以降である（『福祉社会学宣言』二〇〇八、『福祉社会学の挑戦――貧困・介護・癒しから考える』二〇一三など）。もちろん、彼の『生活保護制度の社会史』（一九九五）や『あしなが運動と玉井義臣―― 歴史社会学的考察』（二〇〇三）などは今から考えると福祉社会学そのものなのだが。ちなみに「日本地域福祉学会」は一九八七年に設立されている。しかし副田はそれとは違う「福祉社会学」をめざしたのだ。

（3）国際交流基金日米センターのフェローとなって在外研究に出る機会をえた。

（4）ＵＣＬＡの大学院名称もその後、School of Social Welfare から School of Social Policy and Research へと変わっていった。

（5）第三部にも記すように後には大きく変わっていくことになるのだが。背景として、日本も高齢化が急速にすすみ福祉改革を必然とするようになり、政府主導の社会福祉ばかりでなく、NPO法人などの民間非営利組織が新たな福祉の担い手となっていくだろうという、アメリカ流のいささか楽観的な未来予想もあった。

（6）『高齢者NPOが社会を変える』（岩波書店、二〇〇〇）に書いたことだが、この団体はもとは女性の退職教員であったエセル・パーシー・アンドラスという人が「退職教員協会」として始め、やがて「全米退職者協会（American Association of Retired Persons 略称AARP）」となり、本書にも収録したとおりシニアムーブメントの結果、「定年制度」が撤廃されると会員が必ずしも「退職者」でなくなったので略称を本称にしたのである。

（7）第二部の「米国のシニアムーブメントはなぜ成功したか――NPOと社会運動の相補性をめぐって」を参照されたい。

（8）「定年制度」は一見するとニュートラルに見えるが、内実は年齢を理由とした強制退職制度であり、米国的な観点からは年齢差別と判断されるはずだ。

（9）Lester M. Salamon（1943-2021）の名前は当時のNPO研究世界では知らぬ者がない存在だった。そもそも日本にNPOという概念やその存在意義を広く知らしめたのはサラモンとその研究チームだった。しかし今からふり返って考えてみると、サラモンたちのグループの理論的な達成や業績とは何であったか再考する必要があろう。邦訳された『台頭する非営利セクター』や『米国の「非営利セクター」入門』などはどれも入門書である。彼自身は自分の主著を『Government and the Third Sector: Emerging Relationships in Welfare States』だと語っていた。サラモン教授は優しい紳士的な人柄で誰からも好かれていたと思う。私は彼の直接の教えをうけたボルティモア時代をいまでも懐かしく思い出す。

（10）「今、ここ主義」は、加藤周一の日本文化論のキー概念である。日本の文化や芸術には、全体を見通したり、左右対称を意識したりという普遍性への指向が少なく、細部の洗練や微妙な歪み、左右非対称などが好まれるという（加藤周一『日本文化における時間と空間』二〇〇七）。米国では対照的に「いま、ここ」だけで終わってはならないのだ。より普遍的なもの、それは世界に広がっていけるし、いかなくてはならない。そういう思考になるだろう。拡大と発展は普遍性の証明になるからだ。

(11) この場合の「改正」は典型的な行政用語である。

(12) 超高齢社会論を批判的に考えながら注目した著作に、介護保険制度の生みの親の一人である香取照幸の『教養としての社会保障』(二〇一七)と介護保険制度ウォッチャーの小竹雅子の『総介護社会―介護保険から問い直す』(二〇一八)がある。この両者の意見はある意味で対立しているのだが、見方を変えれば相補的なのだ。香取の論は日本社会を不安に駆り立てているもの、それは社会保障の先行き不安だとする。社会保障がしっかりしなければ日本の経済も社会も安定しない。その意味で社会全体が社会保障システムを支える必要があるという。それは社会保障システムを支える制度側の人たち、とりわけ厚生労働省の後輩たちへの檄のようだ。小竹は徹底して利用者側の視点から複雑怪奇なまでに複雑になった介護保険制度への批判的な提言をよせる。両者ともに違った立場から「介護保険を介護しよう」と言っているかのようだ。

(13) 二〇二三年現在のLGBTQ等の議論の浸透は画期的である。すでに人間の性別は、たんに「男女」という二つだけでなく、多様なスペクトラムあるいはグラデーションをなしているという理解が一般化した。「男女」という単純な二分化がいかに多くの人びとを苦しめてきたかが明らかにされている。これと「年齢」とを単純に同一化することはできないが、しかし、論理の根元には同じ問題があるはずだ。

(14) ナポレオン戦争の時代に始まったと言われるトリアージュは、最前線で傷を負ったり病気になった兵士の中で治療によって再び前線へ送り返せる者を優先して治療したことに始まるという。いわば戦時体制での治療の優先順位をきめるための方法であり、医療や看護の論理とは本来べつものである。しかし大規模災害や大事故が頻発するようになるとトリアージュの論理が拡大され適用されるようになった。それが本来、戦争の論理であることを忘れないようにしたい。

(15) 新約聖書には「迷える子羊」のエピソードが出てくる。迷える一匹の羊と九九匹の羊の群れを比較して九九匹のために一匹を見捨てる人間たちの行動にたいする警告である。
(16)「アラビアのロレンス」(一九六二) という映画の冒頭には、まさにこの「迷える子羊のエピソード」そのもののようなシーンがある。脱落した一人を探しにもどって救ったロレンスの行為が、異教のアラブ人の心をつかむきっかけになったという物語上、重要なシーンである。
(17) 渡辺京二のように「もうひとつのこの世がある」と言ってもよい。
(18) 見田宗介『社会学入門—人間と社会の未来』(二〇〇六)
(19)「ボランティア」と発音すると外国ではまったく通じない。「ヴォランティーア」でなくては通じない——そう西部邁や鈴木広は批判的に語っていた。ボランティアはすでに日本語なのだ。
(20) 早瀬昇『「参加の力」が創る共生社会』(二〇一八)
(21) 柳父章『翻訳語成立事情』(一九八二) など。
(22)「有償ボランティア」を実践しているNPO団体へのデルファイ法調査(専門家による未来予測調査)は当初は三年計画で取り組む予定だった。ところが想定外のコロナ・パンデミック状況の中での調査研究事業となったこともあり、デルファイ法も思うように実施できず、わずか一年で打ち切りになってしまったのは残念なことだった。この調査研究には多変量解析(因子分析)など、新しい調査方法を導入する計画だった。
(23) この裁判に弁護士として関わったさわやか福祉財団の堀田力が『挑戦!』(東京新聞出版局、二〇〇八)に詳しく紹介している。
(24) 私の論理は、社会福祉協議会等にはなかなか理解されにくいようだ。社協のボランティア・センターなどで、業務として市民にボランティア活動を紹介しようとすると、この無償と有償という区別は、やはり大きな壁となるからのようだ。
(25) 英国ではチャーチルの「戦争国家(Warfare State)」のあとにアトリーの「福祉国家(Welfare State)」が起こったという。あまりにも見やすく分かりやすい論理と構図である。

（26）ダーウィンの『種の起原』や、それを受けた真木悠介の『自我の起原』では「起源」ではなく「起原」という語を採用している。それは翻訳の過程で偶然「起原」が採用されたのかもしれない。しかし、あえてこの二つの言葉の違いにこだわって考えていくと、過去へ向かうか、未来へ向かうかという、ベクトルの方向性の違いが見えてくるのではないか。

（27）このような見方だと、「福祉の戦争起源論」どころかナオミ・クラインの「ショック・ドクトリン」（災害便乗型資本主義）のような方向へとねじ曲げられていく危険性すらありうるだろう。

（28）見田宗介／真木悠介も「利己的な遺伝子」論のような遺伝子決定論に対抗して人間に自我や自由があるのはなぜか、その根拠を進化生物学の理論や論理を逆手に活用して意味深く論じた。そして進化生物学の原理にしたがえば、かえって遺伝子決定論ではない世界観が根拠づけられると鮮やかに論じたのだ。

（29）「福祉国家」や「福祉社会」という用語もすでに何重にも固定的な意味で塗り固められた不自由な言葉になっていると言えよう。こういう固着成分から脱出して発想していくことも「起原」という言葉のなかには含意されているかもしれない。

Ⅱ　福祉社会学の思考

福祉社会学的な思考とはどのようなものか。その一端を、私のこれまでの論文の中から紹介したい。

「福祉社会の行方」（一九九九）は、社会福祉の国際比較という観点でとりくんだものだ。ボランティアが自然発生的に生まれたのでないように、日本の社会福祉も、敗戦後の占領期に外からやってきて次第に日本化していったものだ。そう考えると批判的な視点になりがちだが、この機縁をどうその先へと展開していくか、むしろそちらの課題を考えたい。

「米国のシニアムーブメントはなぜ成功したか」（二〇〇六）は、米国には「定年制度」がない、シニアムーブメントで撤廃されたという歴史を知った衝撃から調べはじめた。社会運動・市民運動だけでなく、ＡＡＲＰというＮＰＯの影響力が相補的な効果を発揮してエイジズム（年齢差別）の克服につながるというその経緯は、様々な意味において日本にも大きな示唆を持つと考える。

『高齢社会』というペシミズム――日本の人口高齢化に取り憑いた呪文」（二〇一七）は、介護保険によって「介護の社会化」がすすむと、社会化というよりは外部化、市場化していくパラドクスを招来する。すると制度的な持続可能性が危ぶまれ「成功なのに失敗」と思われるようになってしまう。高齢化や超高齢社会という用語法に含まれていた危機感が、しだいに悲観論に傾いて私たちの思考を後ろ向きにさせてしまう。それではペシミズムやニヒリズムそして無力感を生み出すだけだ。このペシミズムにどう対抗するか、その課題を論じている。

「日本のＮＰＯ研究の20年――社会福祉とＮＰＯ」は、日本ＮＰＯ学会から依頼されてこれまでのＮＰＯ研究をふり返り、問題と課題を考察した。個人のボランティア活動が団体や組織の非営利法人へどのように接続していくのか。そこには順接と逆接という正反対のベクトルが現れる。非営利組織の経営という発想が米国経由で入ってくると、日本ではどうしても営利法人に近似した経営になってしまいがちだ。それはなぜなのか。米国で「第三者による政府」という発想が可能になるのはなぜなのか。日本では「行政とＮＰＯの協働」という発想になってしまうのはなぜなのか。この二つは似ているようで似ていない。ここには、いくつもの分岐点とより深く考えるべきポイントがある。

福祉社会の行方

はじめに

「社会福祉」という切り口を通して、日本社会の問題や課題を社会学的に分析することができる。かつては貧困や疾病や戦禍に起因する福祉ニーズへの対応が社会福祉の主たる課題であったが、現在では、人口構造の変化（少子高齢社会）、家族構造変動（小家族化、核家族化）、地域社会関係変化（共同体内の相互扶助の衰微）等に起因する新たな福祉ニーズへの対応が急務となっている。こうした福祉ニーズの変化に社会はどう応えてきたか。福祉国家の危機が喧伝されるなか、これからの福祉社会の行方はどうなるのか。社会福祉に関連する社会科学（社会福祉学、社会政策学、公共経済学、心理学、ジェロントロジーなど）がみなこうした課題に取り組んでいる。しかし社会学はこれまで社会福祉の分野であまり有効な貢献をしてきたとは言えない。だが課題の質からしても量からしても、社会福祉と福祉社会の行方は、社会学にとっても大きな研究と課題の宝庫である。

ここでは、日本社会が社会福祉をどう受けとめ、どう変容させながら日本化し、そして現在どんな課題に直面しているかを考えよう。「社会福祉」は、どのようにして日本社会に入ってきたのだろうか。入る過程で何らかの変形を被らなかったのだろうか。はたして社会福祉という概念は、日本社会に根づいているのだろうか。今後、社会福祉が、より日本社会に根づくための条件とは何だろうか。それは社会福祉の社会学の課題である。

社会福祉の導入と日本化

社会福祉の導入

石田雄（一九八三）らの研究によれば、日本に「社会福祉」という概念はなかった。それは第二次大戦後のアメリカによる占領期に、GHQが日本政府に指令して導入させたものであった。アメリカは、日本になぜファシズムが勃興したのかを社会科学者を動員して分析した。そして原因の一つが日本社会に貧困や社会問題に対処する社会保障や社会福祉がなかったことであると分析し、日本に社会福祉を根づかせることが、日本社会の平和と民主化に貢献し、再びファシズムが勃興しないための重要な条件であると認識していた。占領にあたってアメリカの大学のソーシャルワーク教育の教科書やシラバスまで持参したというから驚くべき先見性を持っていたわけである。

政治や社会システムが、社会変動や社会問題に適切に対応できなくなると、強引に社会を変えようとする暴力的な動きが起こることは世界的に見られる現象であるから、今日の視点から見てもアメリカの分析は正しかったと言えるだろう。社会福祉は、日本社会の民主化にとって欠くべからざるものと考えられていた。

社会事業から社会福祉へ

それまで日本政府が社会事業や社会政策として実施してきたものは、明治期にあっては天皇制を民衆に知らしめるための慈恵的・恩恵的な慈善事業であり、大正期においては治安対策としての社会事業、つまり国家が近代資本主義国家となるに伴って生じてくる貧困や労働争議などの社会問題への対応を主眼とした社会政策であった。昭和に入ると戦時動員体制の一環として厚生省が国民の健康の問題へと乗り出したが、良質な兵力と戦時労働力の育成を主眼とした父権主義的な政策（父親のような国家が、子どものような国民の面倒をみる）であった。それらを時系列的に示せば以下のようになる。

（1）明治天皇制のもとでの感化・救済・慈善事業

（2）大正期の治安維持対策としての社会事業
（3）昭和初期の戦争へ向けての動員体制・戦時労力政策としての厚生事業
（4）ＧＨＱの指令による社会福祉の導入

ＧＨＱは、国家と民間団体とが渾然一体となった大政翼賛体制のような全体主義を復活させないため、社会福祉の三原則（無差別主義、国家責任による生活保障、公私分離の原則）を示し日本政府にその履行を迫った。ＧＨＱの社会福祉施策は、ニューディールの流れをくむ社会科学的な革新性を持っていた。この先進的な政策が、もしそのまま実現されていたら日本社会はいち早く福祉国家になっていたかもしれない。しかしＧＨＱの指令は、日本政府の抵抗にあった。それは思想的な抵抗であるとともに財源不足、理解不足、人材不足などの複合したものであった。アメリカの政策は、しだいに換骨奪胎され「日本化」していった。

社会福祉の日本化過程

日本政府は、国民の社会福祉の権利性、とくに請求権を認めることに抵抗した。政府にとって社会福祉の拡大は福祉に依存する「無為なる惰民」を生産するものと見えたのである。国民生活の向上よりも国家の発展を優先し、国民生活の保障は父親のような国家が子どもの面倒をみるかのように教化的な姿勢で社会政策を行ってきた日本政府にとって、国民主権に基づく社会福祉という概念はなかなか理解できなかった。国民の生活権の保障のための社会福祉の発展という方向ではなく、国家を運営する父親が子どもの面倒をみるように日本の福祉政策は発展してきたと言えるだろう。これが社会福祉の日本化の基本的なメカニズムである。

福祉国家を建設していった先進諸国のほとんどが労働党や社会民主党の政権下に、労働者の生活保障や社会保障の充実を主眼として福祉国家の建設を進めたのに対して、日本ではＧＨＱの外圧のもとに半ば強制されて社会福祉関連の諸立法を進め福祉施策を実施した。社会保障・社会福祉諸施策が、保守的で父権主義的な国家によって主導されてきたという点は、他の福祉国家には見られない特徴である。ブースやラウントリーらの社会学者によるロンドンの貧困家庭の調査から始まる伝統を持ち、労働党政権のもとで福祉国家づくりが進められたイギリスに比べても、北欧のスウェーデンのように社民党政権のもとで、労働者と資本家との政策的妥協のもとで発展してきたモデルとも、またアメリカのように市場原理のもとで展開してきたモデルとも大きく異なる。

医療・福祉・年金政策等が長期的な展望のもとに国家主導で立案され実施される日本的な姿は、ゴールドプランや公的介護保険の導入などで一つのピークを迎えた。この二つの重要な社会福祉政策の策定過程に、国民や全国の地方自治体はほとんど関与していない。しかし日本の社会保障・医療・福祉政策において、父権主義的な国家観と倫理観とに支えられた厚生官僚の主導する長期的な視野と総合性が、これまでは成功を収めてきたと評価されてよい。

しかし、この結果、社会保障・社会福祉領域での国への依存体質が、国民の間にも地方自治体の間にも濃密に形成されたことは、大きな問題であった。社会保障・社会福祉が、国家や経済の大きな波動に左右されやすくなった。国主導で進められた高齢化社会対策や医療・福祉政策は、いつまた国主導で方向転換されたり縮小されたりしないとも限らない。一九七〇年代後半の経済不況と行革の時代に保守政党や財界主導でさかんに論じられた自助努力と家族扶助を強調する「日本型福祉社会論」は、一時大きな関心を集めた。日本型福祉社会論は、日本の家族構造や地域社会構造が急激に変化している現実を踏まえず、伝統的な家族イメージに基づいて「日本的」が論じられたとして、研究者から多くの批判と反論が寄せられた。現在では、社会保障や社会福祉領域で日本型福祉社会論を肯定的に評価する研究者はほとんどいない。しかし、経済不況の時代には、いつまた同様に短絡的な反福祉の論調が流行しないとも限らない。

社会福祉組織の日本化

日本の社会福祉はGHQがその基礎をおいた。では、その社会福祉を実施する体制はどうなっていたであろうか。ここにも興味深い日本化の過程が現れる。

社会福祉協議会

GHQは社会福祉の実施方法として国家責任の明確化と全国的単一政府機関の樹立を求めた。しかしそれは財源的にも人材的にも困難であった。アメリカで一九一〇年代から共同募金運動の発展とともに社会福祉協議会（Social Welfare Council）が発展していたのをモデルとして日本でも民間の社会事業団体の再編成が行われ、それが日本の社会福祉協議会となった。

アメリカの社会福祉協議会は、共同募金を基盤として、コミュニティの人々が創設し運営しているコミュニティ内の福祉機関や施設の連合組織であり、いわば草の根の地域福祉施設や機関のネットワークの場が社会福祉協議会なのである。しかし日本の場合には違った。アメリカではコミュニティから自発的にわき上がる福祉への活動が社会福祉協議会という組織の実態をなすのに対し、日本の場合には地域社会の中にこうした実体を持たぬまま上からの指令で地方組織が再編成された。たとえば中央社会福祉協議会は軍人援護会や同胞援護会、日本社会事業協会などが統合されて発足したものであったし、地方の市町村社会福祉協議会も行政主導で急速に組織化されていったが公私の境界は不分明であった。

「郡市社協となると会長の半分は市長や地方事務所長の顔が見いだされる。さらに町村となると会長は大部分が町村長であり、その他は町村議会議長である。かくして町村社協は事実上いわゆる御用団体化している実態である」と石田雄は批判している。日本の社会福祉協議会の問題や限界は、地域で福祉活動を行っている施設や機関の「ネットワーク組織」ではなく、民生委員や地域組織の代表などの地域名望家層による「人の組織」である点に起因している。代表が集まって協議するだけで、実質的な福祉サービスの供給へはなかなかつながらないのである。こうしてコミュニティに社会福祉の実体がないまま上から社会福祉協議会という官製の福祉組織が形成された。

社会福祉法人

社会福祉法人にも同様な日本化の過程が見られる。前述した「公私分離の原則」により、政府は私設社会事業団体に補助金を交付してはならないとされた。憲法八九条では「公金は（中略）公の支配に属しない慈善、教育若しくは博愛の事業に対し、これを支出し、又はその利用に供してはならない」と規定している。よって社会福祉法人は、民間団体であるが「公の支配」のもとにあって、行政の指導に忠実に従いながら措置委託費によって社会福祉事業を行うという複雑な（「民間であれ、民間であるなという」ダブルバインド的な）立場におかれることになった。

独自財源をほとんど持たず、サービス内容についても自主性を発揮する余地が少ないので、行政が直接に福祉サービスを提供する場合とほとんど変わらないことになり、民間団体らしい独自性や特色を発揮している法人は多くない。

急激な高齢化や家族構造の大幅な変化に伴って生じる新しい福祉ニーズに、迅速にフレキシブルに応えることができる地域での民間の社会福祉施設や機関が求められているにもかかわらず、社会福祉法人がそれに応えているとは言いにくい。社会福祉法人に関しては現在、社会福祉基礎構造改革の論議の中で、新しいあり方が論議されている（注・一九九九年現在の論考である）。

ボランティアの日本化

医療・福祉ボランティアは、日本ではどのように展開されてきたであろうか。ここにも興味深い日本化の過程が見られる。

方面委員・民生委員

無償で社会事業や社会福祉に携わる人のことを福祉ボランティアと言うとすれば、日本では大正時代の済世顧問や方面委員にその起源を見ることができる。

方面委員は敗戦後に民生委員へと名称変更されたが基本的に地方の名望家への「行政委嘱ボランティア」であり、福祉活動の日本化過程に貢献とともに問題点も投げかけた。方面委員は大正期の米騒動を契機として生まれたものである。「米騒動なる騒擾が各地に蔓延し、社会階級の軋轢の端緒が現れた」。そこで「貧富の差、職業上の地位等に依る社会階級の調和」をはかり、増大する都市貧困層に対処すべく地域名望家層を動員して対応をそれぞれの地域で行わせようとしたのが方面委員であった。これは江戸時代以来の五人組の伝統を都市化社会の中で再編成しながら導入した日本独自のもので、家族主義と隣保扶助の観念のもとに地域住民を教化していく色彩を強く持っていた。方面委員は名誉職とされ、人件費が必要なかったので急速に各地に普及した。

　方面委員が名称変更されただけでその実質を引き継いだ民生委員が公的扶助事務に関わることに、ＧＨＱは批判的であった。しかし有資格の専任職員が当時の日本に十分いるはずもなく、結局、民生委員は生活保護事務の補助機関（のちに批判を受けたので協力機関）になった。あるＧＨＱ高官は「民生委員が、公的扶助を行う場合、それを自分等の個人的な感情問題と考えたり、あたかも個人的な贈り物のごとく扱っている。『私は彼らが気の毒になったので彼らに援助を与えた』、という言葉が当たり前のこととなっている。これは温情主義であり、封建思想に貫かれたものである」と批判している。

　石田雄は「公私両領域の連続体制で地域を動員する民生委員や地域社会福祉協議会のやり方は、同時に地方ボスの牛耳るところとなり、共同体的規制の働く場となる」と述べている。しかし戦後の社会福祉の生成期にはこうした地域名望家層の無償行為を活用しなければ、社会福祉は成り立たなかったのである。

　その後の社会福祉の展開に、福祉ボランティアが大きく関わることはなかった。状況が大きく変わるのは一九八〇年代になってからである。

住民参加型在宅福祉活動

一九八〇年代後半に入ると、全国で行政による福祉、とりわけ一人暮らし高齢者や寝たきり高齢者を抱える家族等への在宅福祉が不十分であるとして市民が小さな互助団体を形成し、ホームヘルパーを謝礼金程度で派遣する「住民参加型在宅福祉サービス活動」という会員制を基本とする有償・有料型の市民互助型の運動が生まれ始めた。一九八〇年代末にはまだ全国で一二〇程度の団体数でしかなかったが、一九九七年現在で団体数約一〇八〇、活動者数約一〇万人と見積もられている。これは福祉政策や計画策定過程への市民参加ではないが、広く社会へ市民の在宅福祉の需要を知らせ、他方で自分たちで解決していきながら社会へと訴えかける作用を起こした。行政も従来型の措置型福祉では不十分なことを認識し、社会福祉協議会にホームヘルプサービスの事業委託を行ったり、大都市部を中心に第三セクター方式の「福祉公社」を設立して、こうした草の根市民の在宅福祉への期待や要望と参加意欲に応えようとした。

われわれが全国社会福祉協議会と共同で行った調査によれば、こうした在宅福祉活動に参加した人々の九割以上が主婦で、年齢的には四〇代後半から六〇代が中心であった（安立 一九九八）。一番大きな参加動機は「社会福祉に関心があったから」であったが、これは、子育てが一段落したあと、時間的ゆとりができた主婦層が、周囲や自分の家族を見わたした時、将来の深刻な問題として老後の介護不安を感じ、高齢化社会の問題をリアルに自分たち自身の老後の問題としてとらえたということであろう。少子化・核家族化が進む中での高齢化は、同居や家族による助け合いに支えられてきた日本型の老後保障や介護を困難にする。現在、高齢化しつつある主婦層にとってそれは深刻で不安をかき立てるわが身の問題であった。自分たちの家族の将来の問題と社会福祉とが重なり合った。こうして目覚めた主婦層が全国的にボランティア活動を展開し始めたのが、住民参加型在宅福祉活動や市民互助型活動である。これは日本社会の福祉の行方を考えるうえできわめて示唆的である。

会員制・有償制をとる市民互助型活動を純粋なボランティア活動とは峻別する考え方もある。しかし調査から浮かび上がった担い手の意識はかなりボランティアに近いものであった。市民互助型活動は、福祉ボランティアの日本的な形態の一つと考えることもできるだろう。

ところで、日本とアメリカとでは、ボランティア活動や非営利団体の活動についての社会的位置づけが大きく異なっている。正確な比較は困難であるが、概略以下のように比較できるだろう。

ボランティアからＮＰＯへ

アメリカのＮＰＯとボランティア

アメリカのＮＰＯ（民間非営利組織）は、宗教、教育、慈善、科学、学術団体などが、行政による許認可制ではなく届け出制により法人格を取得でき、審査によってさまざまな税制上の減免措置を受けることができるというものである。Independent Sector によるアメリカのＮＰＯ調査によれば、ボランティア団体やＮＰＯは全米で七〇〇万団体とも八〇〇万団体とも言われているが、うち税制特典を受けられる法人格を持つ団体が約四〇万団体である。また全米で約九〇〇〇万人が、ボランティア活動をしていると見積もられ（一九九三年、以下同じ）、調査対象者の四八％が平均して週に四・二時間活動をしており、全体で一九五億時間のボランティア活動が行われ、ボランティアの二七％が週に五時間以上活動し、平均して、一世帯あたり収入の一・七％をボランティア団体に寄付している、と報告されている。

アメリカの特徴は、分厚いボランティア活動の文化の上に、法的な根拠をもつＮＰＯがあり、活発な社会的活動を行っていることだろう。任意団体としてのボランティア団体では限界のあることを、ＮＰＯが担っており、ＮＰＯは行政や民間企業などとも共働しながら巨大な非営利活動のセクターを形成しており、アメリカ社会の不可欠の構成要素となっている。アメリカでは、市場を通じて供給できない、あるいは市場供給が適切でない社会サービスを行政が提供するよりは、ボランティア団体やＮＰＯが多様な社会的価値やニーズに応じて提供するほうがサービスの質の点からも効率の点からも望ましいとされ、行政はこうしたＮＰＯを法的にも財源的にも支援し共働しようとする。民間の企業や財団からの援助も分厚い。つまりＮＰＯを社会の不可欠の構成要素として認めている。

日本のボランティア活動とNPO

日本の場合には、これまで市民の非営利活動が社会の不可欠の構成要素であるとは考えられてこなかった。行政が行うこと（のみ）が公共とされ、市民活動は行政の補助活動であるかぎりにおいて行政から認知され援助された。市民が公益法人を設立するにあたっては官庁によるさまざまな規制があり、先進国の中で最も非営利組織の設立が難しいと言われてきた。ゆえに日本の市民活動やボランティア団体は、そのほとんどが法人格を持たない任意団体であった。組織基盤、財政基盤が脆弱なうえ、法人格を持たない任意団体なので行政からの業務委託等ができず、行政とボランティア団体との共働は困難であった。このことが、日本のボランティア活動を短期的で限定的な活動にしてきたと思われる。

しかしながら阪神・淡路大震災の後、多くのボランティアが神戸の復興に活躍したこともあり、こうした狭い枠組みを変えようとする声が大きくなり、一九九八年に「特定非営利活動促進法」（略称NPO法）が成立した。福祉ボランティア団体も法人格を取得して福祉NPOとして公的介護保険の指定事業者等になる可能性が開けた。NPO法と公的介護保険が導入されると、狭い措置型福祉の枠がはずされ、社会福祉における公私の役割分担が、新しい定義を必要とするようになるであろう。そうなると、新しい方向性は、国家主導・行政統御型の福祉ではなく、分権化され。市民の福祉ニーズをより反映した市民福祉サービスになっていくことだろう。市民福祉の時代に、福祉サービスの実際を担うのは国や行政ではなくて、より市民に近いNPO等の福祉サービス供給機関となっていくのではないだろうか（注・一九九九年当時の観測である）。

福祉改革

福祉国家の危機？

一九七〇年代以降、不況の経済波動がやってくるたびに、「福祉見直し」や「福祉国家の危機」が論じられてきた。議論のテーマとしては挑発的で耳目を集めやすいものだったが、実際は世界的に見てもこうしたイデオロギー的な議論によって福祉国家が終焉したり福祉政策が大きく変化したことはなかったとする武川正吾らの研究がある。福祉の定義それ自体が各国で異なるとはいえ、国民総生産にしめる社会保障・社会福祉費用の比率は、過去数十年にわたって増えこそすれ減少したことはなかった。その意味で、先進国はいずこも福祉国家体制なのであり、それは少しも揺らいではいない。ただしその供給サービス内容や供給方法などは大きく変化してきている。

福祉改革の行方

厚生省は一九九〇年代に入って福祉八法改正などをはじめ、大きな福祉改革に乗り出している。古川孝順の『社会福祉のパラダイム転換』（一九九七）によれば、こうした福祉改革の方向性は、普遍化・多元化・分権化・自由化・計画化・総合化・専門職化・自助化・主体化・地域化が複合したものになるだろうという。このうち普遍化（貧困層に限定されていた社会福祉利用者が一般層へと拡大していく）、多元化（行政と社会福祉法人に限定されてきた福祉サービスの提供組織がNPOなどへも拡大していく）、分権化（社会福祉サービスの措置権限などの地方自治体への権限委譲など）、地域化（施設サービスとともに在宅福祉サービスの充実へ）の流れがとくに重要であろう。

これまでは、国主導で福祉政策が策定され、それを機関委任事務として地方自治体が国の規制のもとに供給していた構図が、今後は国主導で脱集権化（規制緩和や措置権限の地方委譲等）がはかられていくことになる。現在はあくまでも国主導による脱集権化であるため、それなりの限界が見え隠れする。しかしこの方向性は持続するであろうから、今後は地域社会の実態と市民のニーズをふまえた社会福祉へと転換していく可能性がある。一九九七年の公的介護保険の成立は、さまざまな評価があったが、福祉に対する権利性の確立と市場原理の導入などにより、国家主導の従来型から大きく転換する可能性をもつ画期的なものであった。負の意味づけがつきまとう限定的で選別的な社会福祉から、普通の人々が高齢化したら普通に利用する社会サービス、その意味で医療や福祉などが同じ次元の「対人社会サービス」へと転換していくかもしれない。

欧米では、すでに「Welfare」という言葉にネガティブな含意が張り付きすぎたとして「personal social services」とか「human services」という言葉への置き換えも始まっている。日本でも「社会福祉」という言葉のかわりに「対人援助サービス」とか「対人社会サービス」とか「対人社会サービス」という言葉が使われるようになってきている。高齢化社会への変動の中で社会福祉のあり方も急速に変わりつつある。変化を実感しながら住民参加型在宅福祉などで活動し、自分たちの求める福祉のあり方を模索する人々が大量に現れてきたことは画期的なことである。市民の福祉への積極的な関わりや活動が、NPO法などによって法的にもその存在根拠を獲得し独自の領域を形成することができるようになった。そして、現在、かつてないほど福祉への関心と市民の参加の現実的可能性が高まっている。これからの社会福祉が日本社会へより根づくかどうかは、こうした市民の関心とニーズと自発的な関わりが、どう社会福祉を変えていけるかにかかっている。

(一九九九年、満田久義・青木康容編『社会学への誘い』朝日新聞社、79-89)

米国のシニアムーブメントはなぜ成功したか
——NPOと社会運動の相補性をめぐって

米国のシニアムーブメントは、一九六〇～七〇年代にかけて社会運動として大きな成功を成し遂げた。その理由は、社会運動、労働組合や政治団体、そしてNPO等の連携による運動の相補性と相乗性があったからであろう。とくにAARPという民間非営利組織（NPO）が重要な役割を果たした。AARPは、会員数三六〇〇万人を擁する米国最大のNPOであるが、高齢者へのグループ医療保険の提供によって成功し、シニアムーブメントと連携しながら定年制度という「年齢を理由とした強制退職制度」を「年齢差別（エイジズム）」として撤廃させることに成功した。AARPは、高齢者へ向けた様々なサービスを生産し、それが会員数を増大させ、高齢者を代表する組織としての正統性を獲得し、さらに潤沢で独立性の高い財政基盤がロビイストや専門職を多数雇用することを可能とさせ、高齢者政策への影響力の増大をもたらした。しかしNPOは、直接的な政治への関与を制限されているので、社会運動との連携は相互に有効であった。このような社会運動とNPOとの連携と相補が成立する条件は、米国だけのものではない。急激な高齢化とそれに起因する社会問題はグローバル化している。世界中どこでもこのような高齢者の当事者組織が、NPOや社会運動の形で出現してもおかしくない。新しいアクターとしての高齢者NPOに着目した社会学的研究が必要なゆえんである。

1　米国のシニアムーブメント

米国のシニアムーブメント現象[1]とその研究に注目する。そこには、社会運動論と民間非営利組織（Non Profit Organization　以下NPO）論[2]とをつなぐ重要なヒントが含まれているからだ。米国のシニアムーブメントの歴史を分析し、政府と運動および運動組織間関係、そしてその達成を政治社会学的に分析したのがPratt や Powell、Williamson らの研究である。[3]それによれば、米国の高齢者が組織化され、ロビー活動や社会運動を行い、政策にたいして大きな力を発揮するようになるのは一九六〇年代以降のことである。それはまさしくracism にたいする公民権運動、sexism にたいするフェミニズム運動などと軌を一にする ageism に対する社会運動でもあったのだ。[4]

このシニアムーブメントには多様なアクターが含まれていた。労働組合（AFL-CIO）や政党（Democrats）と連携した政治活動団体（National Council of Senior Citizens　以下ではNCSCと略）、カリスマ的な社会運動家マギー・クーン（Maggie Kuhn）の率いるグレイ・パンサーズ（Gray Panthers）

のようなラディカルな社会運動組織、そしてエセル・パーシー・アンドラス（Ethel Percy Andrus）によって設立された全米退職教員協会（National Retired Teachers Association 以下NRTAと略）[5]、その発展型としての全米退職者協会（American Association of Retired Persons ただし現在はAARPと改称）などであった。Pratt や Williamson らの研究によれば、米国のシニアムーブメントは、社会運動組織だけが担ったものではない。労働組合や政党、政治活動団体や社会運動、そしてNPOが連携し、相補的で相乗的な運動効果を発揮した結果、「年齢を理由とした強制退職制度」を段階的に廃止させるなど[6]、多くの政治的な成果を収めた。この過程でAARPのようなNPOも大きな役割を果たした。なぜ、シニアムーブメントの中で社会運動とともにNPOが大きな役割を果たしたのか。米国のシニアムーブメントでのNPOと社会運動等との連携や協働は、米国だけでなく、日本や他の国々、別の領域でも起こりうることなのか。こうした問いは、NPO論だけでなく社会運動論にとっても重要な示唆を与えてくれるはずだ。

本稿では、まず米国のシニアムーブメントの経緯や特徴、およびなぜ米国のシニア層は社会運動やNPO等へと参加・動員されたのかを簡単に紹介する。ついでAARPというNPOが米国の高齢者層のニーズに応え、結果として巨大な当事者団体の組織化へとつながったこと、それが政治や政策への影響力をもたらしたことを述べる。分析にあたっては、クレーマー（Ralph Kramer）による福祉NPOの社会的機能論を応用する。そして米国のシニアムーブメントや、その中でNPOの果たしてきた役割は、米国のみならずグローバルに起こりうる可能性と示唆を持つことを述べる。

2 シニアムーブメントとは何か

2-1 シニアムーブメントの定義

シニアムーブメント[7]は、組織化された高齢者による高齢者のための政策を求める社会運動である。それは、①高齢者政策の確立や法制度の改良を求める政治運動、②「高齢者への年齢差別ageism」に対して戦うラディカルな文化運動、社会運動、③高齢者のニーズにたいして自らサービスを提供し、あるいはサービスを改善しながら供給していこうとする当事者運動や非営利事業体の活動、等の複合した運動である。このような幅広い意味で使われる理由は、第一に米国のシニアムーブメントの歴史的経緯に由来する。一九三〇年代から現代にいたるまでの米国のシニアムーブメントは、労働組合、政治政党・政治活動団体や社会運動、そしてNPOが複雑に関わり合ってきた。ここには米国の政治システムや保健・医療・福祉システムの特徴、NPO制度などが影響している。しかしそれだけではない。第二に、シニアムーブメント概念が今後、より広い普遍性を持つと考えられるからである。人口構造の高齢化、高齢社会に対応した年金や社会保障、医療や介護・福祉システムの構築は、先進諸国共通の課題であり、シニアムーブメントを狭く定義せず、グローバルな視野のもとにおくためにも幅広いアクターを含みうる定義が有効である。世界的な高齢社会化の時代にあって米国以外でもシニアムーブメントが展開する可能性は大きい。まずは、米国におけるシニアムーブメントの歴史を概観しておこう。

2-2 シニアムーブメントの歴史

Pratt は二〇世紀前半からの米国のシニアムーブメントの歴史を詳細にたどりながら、米国の高齢者がどのように組織化され、どのように政府や政策に関わったか、とくに米国社会保障法（一九三五）の制定過程を中心に分析している[8]。政府がどのように高齢者団体と交渉し、高齢者がどのように組織化され、ロビー活動や社会運動を行い、政治的影響力を獲得するようになっていったかの政治過程を分析している。Powell らは、高齢者団体の社会運動としての側面と、やがて利害集団、ロビー組織として制度化されていく過程の両面を分析している。政治社会学的な手法で、シニア関係のイッシューがどのような「フレーム」を通して政治や運動の争点となっていったか、また社会運動やNPOの連携やネットワークがどう形成されたのかの分析などを行っている[9]。

シニアムーブメントの歴史に関しては、Williamson and Beard が三つの時期に分類している。第一期は一九三〇～四〇年代で、大恐慌の後、ルーズベルト政権の元で「社会保障法 Social

Security Act of 1935」が成立する前後である。この時期に出現したTownsend Movementは大恐慌期にもっとも経済的にも社会的にもダメージを受けた高齢者のための社会保障を求めたシニアムーブメントの端緒となるものであった。しかし、高齢者はまだ十分に組織化されておらず、結果として社会保障法の内容に大きな影響力は発揮できなかった。だが「高齢者が連帯して政治へのロビー活動を行い、政策へ影響力を与えうる存在であることを示した点で大いに成功した」とされる(10)。

その後、一九五〇年代の停滞期を経た後で、一九六〇~七〇年代にかけてシニアムーブメントはピークを迎える。この第二期は、シニアムーブメントだけでなく、さまざまな社会運動が生成した時代である。公民権運動や女性運動に引き続く第三の大きな社会運動として「エイジズム」に対抗するシニアムーブメントの勃興と制度化の時期として特徴づけられる。中心となったのはＮＲＴＡ（一九四七年設立）から発展したＡＡＲＰ（一九五八）等の退職したホワイトカラーや専門職等を中心としたＮＰＯと、民主党や労働組合によって設立されたＮＣＳＣ（一九六一）といった労働組合と政党との連携から発した政治活動団体、そしてNational Caucus of the Black Aged（一九七〇）やGray Panthers（一九七〇）といったラディカルな社会運動組織であった。この時期の特徴は、社会保障法の存続危機に対して、労働組合や政治団体、社会運動組織とＮＰＯとの有機的な連携が成立したことである。第三期は、一九九〇年代から現在にいたる「米国の社会保障制度の危機」をめぐる動きなのだが、この問題については米国のソーシャル・セキュリティに関する制度改革内容に特化しすぎるので今回の考察からは除外しておきたい。

2−3　第二期のシニアムーブメントの特徴

第二期のシニアムーブメントの特徴は、巨大な社会層となった高齢者を、さまざまな団体が広範囲に組織化できたことにある。そして、政策目標や方法、そして利害が異なったにもかかわらず連携や協働が成った。その結果、政策的に大きな成果をあげた。この点を考察しておこう。

シニアムーブメントで最大規模の団体であるＡＡＲＰは退職した専門職や中間層の高齢者を組織していた。この団体の最重要目標は「年齢を理由とした強制退職制度」を撤廃させることと「雇用における年齢差別禁止法」の改訂であった。ＡＡＲＰについては後に詳論する。ＡＡＲＰに次ぐ組織規模を持つＮＣＳＣは、労働組合や民主党支持者のサポートを受けながら、低所得高齢者の問題に焦点をしぼって運動した。その目標は、高齢者のための公的医療保険Medicareと低所得者向けの医療制度Medicaid（一九六五）および「米国高齢者法」（一九六五）の成立であった。もっともラディカルな社会運動は「グレイ・パンサーズ」であった。マギー・クーンというカリスマ的な指導者を持ったこの団体はエイジズムと戦うことを最大目標としていた。他にもベトナム反戦運動やナーシングホーム改革、メディアの高齢者軽蔑や差別などにも取り組み、高齢者差別と性差別とが連関しているとして「意識改革」を目標に、草の根組織での直接行動などを重視していた。

このようにタイプも行動様式も異なったさまざまな団体が、なぜ敵対や決裂することなく、政策的な目標達成で協働できたことについては、さまざまな説がある。その中で説得的だと思われるものは「代表する利害や運動の方法、目標はみな異なっていた」が「共通するのはどの団体も、多様な高齢者を団結させる主要な戦略として、具体的な運動の直接成果を提供することを重視した」というものである。[11]これは、タウンゼント運動の挫折の後に現れた組織の特徴で、理念や理想だけでは多様な高齢者を組織化できないという経験知から発したものである。たとえば、最もラディカルなグレイ・パンサーズも、高齢者の外出時に車椅子の障害となる段差の解消や、高齢者の投票権の確保など、具体的な成果を提供することを運動戦略にしていた。ＡＡＲＰやＮＣＳＣは会員となるメリットを豊富に提供することを重視してきた。この点は、後に考察する。

3　シニアムーブメントにおけるＮＰＯ

3－1　ＡＡＲＰとは何か

ＡＡＲＰはエセル・パーシー・アンドラスという一人の女性教員が、定年退職した時に受けたショックから始まったという。[12]退職教員協会での実験と成功を受けて、退職高齢者一般を対象とした会員制組織へと展開し、会員にグループ医療保険を仲介することで成功した。今日、三六〇〇万人の会員を擁するという世界最大規模のＮＰＯとなったＡＡＲＰは、連邦政府や議会のみならず州レベルでも高齢者政策に限定したロビー活動を活発に展開し、今日、ワシントンＤＣで最も影響力のある団体のひとつと言われている。ＡＡＲＰは、社会運動団体でも政治団体でもない。米国の非営利法人制度に基づいた組織である。しかし、非営利事業体として大成功を収めただけでなく、同時にＮＰＯとしてシニアムーブメントの重要な一翼を担ってきた。米国のシニアムーブメントの歴史と展開、そしてその達成を、ＡＡＲＰぬきに考えることはできない。グレイ・パンサーズのような典型的な社会運動体だけでは、政策的な達成はありえなかっただろう。ＡＡＲＰはシニアムーブメントの中でどのような役割を果たしたのだろうか。この問いについては、次の Kramer の理論を検討する中で考察することにして、まずはＡＡＲＰのアウトラインを概観する。

3-2　AARPの組織特性

ＡＡＲＰは五〇歳以上なら誰でも加入することのできる会員組織である。会費は低廉であり[13]、会費以上にメリットがある数多くのサービス提供を行うことによって成功した。設立当初の目的のひとつが、グループ医療保険の提供であった。高齢化率が低くエイジズムが蔓延していた一九四〇～五〇年代には、退職した高齢者に適価な医療保険を提供する保険会社はなかった。ＡＡＲ

Pの設立者アンドラスは、こうした状況に対して、高齢者をNPOに組織化することによりグループ医療保険を提供することを思い立った。今日からみても画期的な発想と事業であるが、当初は引き受ける保険業者がおらず苦労したらしい。結果的には、会員数を拡大することがグループ医療保険の実現につながり、それがさらに会員になるインセンティブを高めるという好循環を生み出した。こうして形成された巨大な会員数[14]こそが、AARPを米国の高齢者代表組織とし、政府の高齢者政策の形成や施策の実施に大きな影響力を与えるようになった。現在の米国でAARPぬきに高齢者政策は考えられない。

巨大な会員数に支えられたさまざまなシニア関連事業の展開を行う一方で、首都ワシントンDCに巨大な本部を構えてそこに一〇〇〇人以上の専従スタッフを擁する。二十数名からなる連邦議会ロビイストを持ち、全米すべての州に拠点を持って州議会の動向を監視しながら活発なロビー活動を行っている。NPOによるロビー活動は、政治活動ではないとされる。それは高齢者に関連した政治や政策の動向監視と、議員への情報提供や政策提言などが主たるものである。日本のみならず、米国以外には類似した団体がほとんどないとされる。それは、米国だから可能であるという側面と、高齢化していく先進諸国では、どこでもこのような団体が現れてきておかしくないという「普遍的な可能性」の側面を持っている。高齢化社会における当事者組織とは何かを考えていくと、AARPはひとつのモデルを提示している。

3-3　NPOとしての限界と特徴

ＡＡＲＰは米国の非営利法人制度に基づく制度内存在である。米国の非営利組織には多様なカテゴリーがあるが、ＡＡＲＰはロビー活動が可能な５０１（Ｃ）４団体となっている。このカテゴリーの団体は、ロビー活動は行えるが、政治活動（特定の政党や政治家を支持・応援すること、政治献金を行うこと、選挙キャンペーンを支援することなど）は禁じられている[15]。組織の意思決定や統治は無償のボランティア理事が構成する理事会が行う。このように制度内存在であるＮＰＯは、法的にもさまざまな制約をうけている。また巨大化した組織の官僚制構造を問題とする議論もある。このように巨大で複雑な組織でありながら、なぜ、今日に至るまで米国のシニアムーブメントの中心にありつづけることができたのか。なぜ米国では社会運動等とＮＰＯとの連携が可能だったのか。それは偶然に成立した連携だったのか。それともこの連携や協働には、何らかの理由や必然性があったのだろうか。社会運動とＮＰＯとの相補的連携とでも言うべきこの現象は、米国以外でも、シニアムーブメント以外でも、起こりうることなのだろうか。こうした問題については最後に考察することにして、まず、Kramer の理論を補助線としてＡＡＲＰについて考察してみよう。

4　KramerによるＮＰＯの社会的機能の理論

4－1　ＮＰＯの社会的機能論

ＡＡＲＰをシニアムーブメントとの関連において分析するにあたり、米国の福祉ＮＰＯ研究の代表的な理論枠組みとしてRalph M. Kramerの機能分析モデルを活用する。彼は障害者への福祉サービスの提供にボランタリー機関[16]がどのように関わっているかを、アメリカ、イギリス、オランダ、イスラエルの四カ国で綿密な実証調査を行った。それをふまえて、ＮＰＯがどのような特徴を持ち、どのような長所と弱点を持つ組織であるかを比較研究の観点からまとめている。そして福祉国家システムの中でＮＰＯがどのような役割を果たすのかを、いくつかのパターンとして仮説的に提示した。この研究は、ＮＰＯの特徴を、その社会的機能から考える先駆的な研究であり、福祉ＮＰＯの特質や機能を研究するうえで必ず論及されるものである。

Kramerは福祉国家の中でＮＰＯの果たす役割について、仮説的に次の四つの機能を掲げている。第一が「開拓的・パイオニア機能（Vanguard Role or Service Pioneer）」、第二が「価値の擁護・ボランティアリズム機能（Value Guardian Role and Volunteerism）」、第三が「改革とアドボカシー機能（Improver Role and Advocacy）」、第四が「サービス提供機能（Service Provider Role）」である。以下、順に見ていこう。

4－2　開拓的・パイオニア機能

ベヴァリッジ報告書以来、ＮＰＯの役割は「サービス提供に関して先導して開拓者となり」「それが政府に引き継がれていく」ことだと論じられてきた。Kramer もこの仮説に立脚して、四カ国比較でＮＰＯがその機能を果たしているのかどうかを検証している。それによれば「実証的には、政府にとってＮＰＯが先導的な団体となってきたと言えるような証拠はほとんどなく」むしろ「ＮＰＯによって展開された新しいプログラムや方法は、政府による資金提供に大きく依存していた」という。「先導的なプログラムは、むしろ巨大な、そして専門性をもった官僚制機構のほうに見られた」。したがって「ＮＰＯの特質は、先導的な、あるいは実験的なところにはなく、むしろ対象に特化したところにある」という意外な結論が導かれている。[17] この分析は、社会福祉の世界では、小規模なＮＰＯや社会運動体よりも、規模が大きく専門性を備えたスタッフを持つ組織のほうが、福祉サービスの開拓的・先導的機能は果たしやすいのだとも解釈できる。もちろんこの裏面を見れば組織の官僚制化や保守化にもつながりやすい。

4－3　価値の擁護・ボランティアリズム機能

Kramer は、福祉ＮＰＯがどのようにボランティアと協働しているか、「ボランティア活動の振興機能」をどう果たしているかを詳しく調べている。その結果、四ヵ国では類似性だけでなく相違も大きかった。とりわけ直接的なサービス提供にボランティアが関わるかどうか、専門職や有給スタッフとボランティアとの関係、労働組合とボランティアとの関係、などで大きな違いが見られたという。Kramer の調査対象が障害者福祉の領域であったことも影響しているが、直接的なサービス提供者としてのボランティアは、どの国でも高くは評価されていない。障害者団体においては、サービス提供に関しては相互扶助やセルフヘルプの方法が中心である。また専門家とボランティアとの関係は国により大きく違うが、今後の発展はプロフェッショナルなボランティア・オーガナイザーやディレクターが必要と考えられている。またボランティア支援組織としてのＮＰＯが必要になるだろうとも論じられている。[18]「四ヵ国で、政府の代替や複製でないサービスが見られたのは、相互扶助（mutual aid）や仲間の助け合い（peer self-help）に支えられたアドボカシーであった。このタイプの利用者主義（consumerism）は今後ふえるであろう。市民参加、障害者の権利擁護、そして恵まれない人びとの新ニーズの発見という意味で重要である[19]」。「問題にさらされている人びとの参加、利用者がプログラム政策の意思決定に参加し、ほかの団体が行わないことを実践する」機能が、ＮＰＯによる「価値の擁護・ボランティアリズム機能」である。シニア層を会員として取り込みながら、その利用者主義を、シニアムーブメントへと媒介する機能をＮＰＯは果たしたと考えられる。それは反面では利益団体・圧力団体としての性格をもたらすことにもなる。

4－4　改革とアドボカシー機能

Kramer は「民主主義社会のもとでは、強く独立したボランタリーセクターがあると、それが政府をモニターし、プレッシャーを与え、公共サービスの質を高める機能を果たす」「危険にさらされ、サービスを十分受けていない人たちの利益を守るというミッションは、福祉国家がサービスを提供することと同じく、普遍的で重要なことである」としている[20]。当事者や利用者の立場にたって、政府を監視しながら、さまざまな意見や提言を行っていく機能がNPOには求められているという。シニアムーブメントの第一期から第二期にかけて、米国の高齢者はマイノリティから次第にマジョリティに転換していった時代である。今日からするとマイノリティのためのアドボカシーという概念は必ずしもAARPには当てはまらない。しかし、その設立から一九七〇年代にいたる時期には、たしかにこの Kramer の分析と重なる部分があったのだ。

4－5　サービス提供機能

Kramer によればNPOがほかのボランティア活動ともっとも大きく違うのは、サービス提供機能を担っている点だ。「政府組織は、ほかの政府機関の欠点を埋め合わせたり、補完したり、同種のサービスの量を拡大したりはできない。ゆえに、そうしたことは、ボランタリー・エージェンシーにしかできない」という。こうしたNPOによるサービス提供機能の分析のために、さらに三つの分類枠組みを用いる。①ＮＰＯこそが、主要な（Primary）サービス提供者である場合（政府にほとんどその機能がない場合）、②ＮＰＯが、政府のサービスを「補完（Complementary）」する場合（たとえば、質的に違うサービスを提供する場合）、③ＮＰＯが、政府のサービスを「補充・補足（Supplementary）」する場合（同質のサービスの量的な拡大、サービスの選択肢の拡大、そして政府の代替となる場合）[21]。主要なサービス提供者という機能は、Kramer の調査したような障害者分野の場合に、ＮＰＯが地域での唯一のサービス提供者である場合がしばしばあるからだ。補完的なサービス提供機能とは、政府サービスのギャップを埋めるものではなく、それとは質的に異なるサービスがＮＰＯから提供される場合をさす。たとえば、米国の自立生活センター（ＣＩＬ）などがそれである。補足的なサービスは、さらにその下位分類として二種類があげられており、「代替的サービス（alternatives）」（利用者に選択肢を与えるもの）と「代役的サービス（substitutes）」（政府の置き換えとなるもの。ただし短期的）に区別されるという。そして英国のボランタリー機関のサービスが最もこの補足的な性格を持っているとされる。社会運動とＮＰＯとの最も大きな違いが、このサービスの提供機能である。社会運動体はサービス提供組織ではない。社会運動は問題を指摘し、問題の解決を政府や社会に求めるが、みずからサービス提供は行わない。ＮＰＯは問題を提起するだけでなく、自らサービス生産し、提供することができる[22]。そしてこのＮＰＯのサービス提供機能こそが、後で論じるように米国のシニアムーブメントでも重要な役割を果たしたのではなかっただろうか。

5　なぜ社会運動とNPOは相補的になりえたか

AARPの成功要因

このKramerの枠組みは、AARPの展開とシニアムーブメントにおける役割を分析する際に、重要な補助線を与えてくれる。社会運動体にはできないことが、NPOには可能だったようである。では、なぜNPOと社会運動とは分裂や対立ではなく相補的になりえたのか。なぜNPOが、シニアムーブメントにおいて重要な役割を果たしたのだろうか。この問いに答えるために、迂回的ではあるが、なぜAARPが成功してきたのかを考えてみたい。NPOとして成功した要因は、社会運動とどのように異なっていただろうか。

5−1　AARPは、なぜNPOとして成功したのか(23)

第一に、シニア層のニーズに、具体的なサービス提供で答えたからである。AARPが成長した時代は、高齢者人口が急激に増大した時代であったが(24)、そのニーズに応える政治的な回路も少なく、またシニアマーケットも十分に成立していなかった。AARPは、政府や議会にたいするアドボカシーだけでなく、みずから会員組織を形成して事業展開を行い、グループ医療保険等を提供した。また、さまざまなメディアを通じた積極的な情報提供も行った。(25)シニアマーケットに積極的に関わり、さまざまな企業と交渉しながらシニア層のニーズを企業に伝え、逆に企業から会員に対してさまざまな割引特典を提供させている。シニア層と企業とを媒介しながら、双方にとってプラスとなる事業展開を行ってきたと言えるだろう。

第二に、巨大な会員組織を形成し、米国のシニア代表としての地位を確立したからである。AARP以前に、高齢者を代表して、高齢者の声やニーズを政治家や議会へ伝える機能を十分に果たしていた組織はなかった。AARPは、高齢者の経済状態、高齢者医療保険の問題、エイジズムなどの問題を提起して、高齢者施策の実現に成功してきたが、それは米国のシニア代表としての正統性を持ちえたからだ。その正統性の根拠は会員数に他ならない。AARPが「巨大な会員数を持つ」ことと「シニア事業体」であることとは、密接不可分であり、どちらかが欠けてもAARPの成功はありえなかっただろう。ほとんどの会員にとって加入する理由はシニアムーブメントやエイジズムとの戦いではなかっただろう。しかし、理由はどうあれ、結果としての巨大な会員数は、全米のシニア代表というAARPの正統性を確立させた。それゆえロビー活動や政策への影響力で成功したのだ。社会運動のような「集合行動への明示的な動員」とは異なる「シニアムーブメントへの間接的動員」が成立したと言えるだろう。NPOならではの方法論がここにあった。

第三に、非政治的な手法を用いたことである。これは政治に関わらないことを意味しない。政治運動や社会運動とは異なる手法をとったのである。主としてロビー活動だったが、街頭でのデモンストレーションや選挙等でのキャンペーンには加わらなかった。時と場合に応じて、巨大な会員数を背景に、会員を組織化して議員にたいする請願行動なども行ったが、必ずしも主要な方法でも常に用いる方法でもない。大統領選挙などでは会員向けに予備選挙の段階からすべての候補者の「高齢者政策」の内容（のみ）を引用した「情報提供」を行ってきたが、内容は、高齢者政策に関する情報提供に限定され、政治家の評価や支持などへと展開していくことはなかった。グレイ・パンサーズのようなラディカルな直接行動主義はとらず、示威行動やデモ、選挙への関与、特定候補者、特定政党の支持や献金なども行わなかった。もちろん非営利組織として法的に禁じられているからでもあるが、NPOの法的枠組みを超えない活動に自己限定してきた。それがロビー活動や政策提言を結果的に成功させた。

第四に、財政構造が安定しており、政府や議会にたいして独立したポジションを取ることができたからである。巨大な規模の会費収入、会員へのグループ医療保険その他のサービスの「仲介手数料」、二ヵ月に一度発行される全米最大規模の発行部数を持つ会誌の広告収入など、独立した収入があり、政府からの補助金は組織全体からすればごく限定的なものに過ぎない[26]。政府や議会の動向を監視しながら、ロビー活動を行う利害集団としてのAARPの財政力は卓越している。財政的な独立性は、豊富な専門職人材やロビイストの雇用を可能とする。政府や議会からの干渉に対しても対抗しうる。その他、政策研究所という独自のシンクタンクやジェロントロジー研究への積極的な資金提供、傘下に財団を持って高齢者研究の学術助成など、さまざまな非営利事業を展開できる。さらには独自のメディア（会報、ニューズレターの発行部数は巨大である）を持ち、ラジオやテレビ番組も独自に制作し、ラジオではレギュラー番組を放送することにまで及んでいる。これらはNPO税制によって収益の私的な分配を禁じられており、本来事業への再投資を積極的に行わなければならないという米国のNPO税制が組織運営にもたらした効果とも考えられる[27]。

5-2 NPOとしてのAARPの限界と課題

次に、NPOであることの限界や問題、課題は、どこにあるだろうか。それはNPOという組織の長所の裏面に、社会運動にはできるがNPOにはできないことの中にあるのではないだろうか。

第一に、活動の内容と方向性がきわめて限定されることである。会員制組織であり、シニアへのサービス提供事業を行うという組織特性は、活動内容の限定をもたらす。シニアを代表する「利害集団」「圧力団体」という特徴は、シニアムーブメントの時代にあっては論点や運動の争点を明確化する効果を発揮した。しかし、一定の運動成果を収めた後、一九九〇年代からの「福祉ゆりもどし」の時代には、逆に「高齢者の利害しか考えない利己的集団」や「貪欲な高齢者団体」「世代間の公平さを破壊する高齢者たち」というような「逆エイジズム」とも言うべき反感や反対運動を形成させた。今日、ＡＡＲＰは、こうした「高齢者団体叩き」に対して防戦と苦戦を強いられている。第三期のシニアムーブメント期に端的に現れたのは、若年層からの「世代間公正（generational equity）」の要求の高まりであった。ＡＡＲＰを始めとするシニア層のロビイ活動や利益団体としての影響力が強まるほどに「世代間の不平等」が際立つことにもなる。ＡＡＲＰ側は「世代間の相互扶助（generational interdependence）」を掲げて対抗したが、守勢は否めない。

第二に、会員の組織へのコミットメントの弱さである。会員であることは、必ずしもＡＡＲＰのロビー活動やその内容への支持を意味するわけではない。またＡＡＲＰの意思決定過程にも関与しにくい構造になっている。会員であることと、シニアムーブメントへの参加とは、異なる二つの問題である。しかし、第二期シニアムーブメントの時代には、ＡＡＲＰの会員の意識と、シニアムーブメントの主張（年齢差別や社会保障政策）との間の距離は大きくなかった。会員となることはシニアムーブメントへの間接的参加ないし賛同でもあった。結果的にＡＡＲＰと社会運動との連携に矛盾は少なかった。しかし、階層的には中間層が多いとされるＡＡＲＰの会員は、社会運動体のような革新性や冒険に、つねに同調できるわけではない。ＮＰＯと社会運動との接点や相補性は、第二期のシニアムーブメントの時代には大きかった。しかし、その後は歩を同一にしているわけではない。

第三に、組織の巨大化である。それは米国のシニアの利害代表としての正統性をもたらす。しかし、組織としての官僚制や硬直性、保守性も派生させる。また巨大な会員制組織ゆえに組織維持には苦労している。巨大組織を維持するためには、毎年相当数の新規加入者を開拓しなければならない。調査時のAARPにとっての最大課題はベビーブーマー世代をメンバーとして獲得・定着させられるかである。定年制度が撤廃された米国では「退職者協会」のイメージは、ベビーブーマー世代から敬遠されることになりかねない。AARPは名称を変更し、さまざまなメディアを駆使したイメージチェンジをはかっている。会員制のNPO組織には不安定さが潜んでおり、それが時代の転換期に顕在化することになる。

第四に、直接には「政治」に関われないことである。NPO法人であることは、税制上の非営利特典を持つことだが、特定の政党や政治家への支持や献金は、これを禁じられている。501(C)4団体にとってロビー活動は可能だが、社会運動体の行うキャンペーン型の政治運動や、草の根の直接行動には組織として同調して行動することができない。政治への関わりの限定は、AARPにとって社会運動体との連携の必要性を意識させるものであったに違いない。NPO組織であることに固有の限界がある。NPO組織として法令遵守が求められる制度内存在であること、NPO組織としてのガバナンスの構造やリーダーシップの構造が社会運動組織のように臨機応変に外部状況の変化に対応できないこと、などさまざまな限界要因がここに関わる。NPO組織であることは、社会運動組織とは異なった組織特性と条件のもとで活動することを意味する。NPO組織には、できないことがたくさんあり、AARPは常にそれを強く自覚していただろう。よって、第二期シニアムーブメントの時代には、社会運動組織との連携による「相補性」をＡＡＲＰも強く自覚していたに違いない。

6　考察――社会運動とＮＰＯとの「相補性」

以上、シニアムーブメントの歴史と、その中におけるＡＡＲＰの役割や機能、そしてＮＰＯゆえの長所と短所、問題や課題を考察してきた。ＮＰＯには可能だが社会運動体にはできないことがある。社会運動には可能だがＮＰＯにはできないこともある。一九六〇～七〇年代のシニアムーブメントの第二の時代には、両者の差異は、相互に補完できるような相補性があり、結果として成果の獲得に相乗効果を発揮した。ＡＡＲＰにとっても社会運動体との連携は、政策実現にあたっては効果的だった。社会運動体の側から見てもＮＰＯとの連携は大きな利点があったのだ。ただし、ＮＰＯと社会運動との連携や相補は、常に可能なものではない。相互に補い合える条件やメリットのある場合に限って成り立つことであろう。実際、米国のシニアムーブメントでも第三期にあたる九〇年代以降には、社会運動や政治運動とＮＰＯとの連携は必ずしもうまくいっていない。[28]

近年のＮＰＯ研究では、行政府とＮＰＯとの連携や協働に関する調査・研究が盛んである。[29]反面、NPOと社会運動との連携等に関する研究はあまり進んでいない。社会運動研究にとっても、NPOという異質な組織との連携や連合、相補性や相乗性が成立する諸条件の研究は、今後の研究課題であろう[30]。シニアムーブメントをひとつのケーススタディとして、いくつかの示唆されるポイントを提示しておこう。Kramer は障害者の福祉サービス提供におけるNPOの機能に着目して理論枠組みを作っている。シニアムーブメントだけでなく、福祉や医療、教育などのヒューマンサービス領域で起こる運動には、第一に社会一般にアピールして社会問題としての問題提起とその理解や解決を求める方向性と、第二に法的な根拠および税等の財源をもった社会制度としての確立や改革を求める方向性、そして第三に具体的なサービス提供の方法やその内容に関して、当事者あるいは利害関係者の立場から関与や参加し、あるいは事業体を自ら形成・運営しながらサービス内容の質的・量的改革に関わるという側面の、すべてが含まれている。第一と第二の側面では社会運動等とNPOとの連携や相補性が成立しやすい。しかし、第三に関しては組織の目的や特性があまりに異なるので、連携や協力が成立しにくい部分がある。むしろNPO相互の連携やネットワーキングによる相補性こそが課題となるだろう。

本稿で検討してきたシニアムーブメントの事例には、米国固有の特徴が多々ある[31]。たとえば、米国では政府は直接にサービスを提供することが少なく、行政府とNPOとの連携や協働が形成しやすい制度設計であり、NPOによる議会や政府へのロビイ活動も可能である点など、他の国々には当てはまらない部分もある。しかし、シニアムーブメントの事例から普遍化や応用が可能な部分も大きいと考える。人口構造の急激な高齢化やそれに起因するさまざまな問題は、先進諸国のみならず中国や韓国など東アジア等でもすでに大きな社会問題となっている。ところが米国のシニアムーブメントが問いかけた問題は、ほとんどの国々でまだ課題として残されたままである。高齢者は多いが組織化は進んでおらず、高齢者を政治や政策へと媒介する当事者組織は欠如しており、それを解決しようとする社会運動もまだ少ない。米国のシニアムーブメントが示した「多様な団体による高齢者の組織化」や「社会運動や政治運動とNPOとの連携や相補」、そしてエイジズムや高齢者政策における転換などは、いつどこで起こっても不思議はないのである。その場合に、個々の組織や団体レベルの研究だけでなく、異質なセクターや組織相互の連携や相補の起こりうる諸条件の、より具体的な研究が必要になるだろう。とりわけ今後、福祉国家から福祉社会への転換の過程で、非政府組織でありながら非営利事業を行い、ヒューマンサービスの生産と提供機能を持つNPOのようなアクターが、その存在を大きくしてくることが確実である。こうしたアクターを組み込んだ社会運動や社会変動に関する新たな社会学的モデルの構築が必要となるのではないか。脱工業化社会論やポスト産業社会論という産業社会の構造転換とともにトゥレーヌらの「新しい社会運動論」モデルが形成され、社会運動研究に新たな視点が生まれた[32]。米国のシニアムーブメントの事例が示唆しているのは「高齢社会における社会運動とNPO」という新たな枠組みの必要性である。今後、高齢社会だけでなく、もっと多様な領域で、社会運動とNPO組織とのさまざまな関係性のあり方についての実証的な研究が現れてくるだろう。そこから「ＮＰＯの社会学的研究」にとっての重要な課題が見えてくるに違いない。それは、社会変動と変動主体についての新しいパースペクティブを提示してくれるのではないだろうか。

（1）シニアムーブメントにおけるシニアを「五〇歳以上の人びと」と定義しておく。本稿で論じるＡＡＲＰという団体の加入資格が五〇歳以上だからである。通常六〇歳や六五歳以上とされる「高齢者」とは重なるものの同一概念ではない。
（2）ＮＰＯ概念については、さまざまな議論があるが、Salamon and Anheier（1996）が最も定評あるＮＰＯ概念を提供している。福祉ＮＰＯ概念の必要性については安立（二〇〇六）を参照。
（3）Pratt（1976, 1993）, Powell et al.（1996）, Williamson and Beard（2006）など。
（4）Pratt（1976, 1993）や Williamson（2006）.
（5）ＡＡＲＰとアンドラスについては安立（2003b）参照。
（6）一九七八年と一九八六年の Amendments to the Age Discrimination in Employment Act.
（7）Senior Rights Movement とも言う。その場合は Civil Right Movement との同時代性や類似性をより意識したとらえ方となる。本稿では、より幅広く応用可能な Senior Movement を採用する。
（8）シニアムーブメントに関しては Pratt（1976, 1993）, Powell, Williamson and Branco（1996）などがもっとも参照されることの多い文献であり、本稿もこれらの研究に依拠しながら紹介していく。
（9）Powell, Williamson and Branco（1996）
（10）Williamson and Beard（2006:7）
（11）Williamson and Beard（2006:12）

（12）年金額の低さ、年齢差別、とりわけ退職によって医療保険が切れたあとに民間の医療保険への加入の困難さ等。Crippen et al.（1968）

（13）設立当時の会費は年間一ドル。二〇〇六年現在で一三・五ドル

（14）会員数の公称三六〇〇万人は二〇〇〇年のセンサスに当てはめれば米国の五〇歳以上人口の約四五％に当たる。

（15）かつて免税範囲の広い５０１（Ｃ）３団体であったが、一九九〇年代に連邦議会の公聴会などでロビー活動を批判され、５０１（Ｃ）４となって現在に至っている。しかし、傘下には５０１（Ｃ）３団体や全株式をＡＡＲＰが保有する会社組織等も保持している。

（16）Kramer は、正確には Voluntary Agencies という概念を用いている。これは Non Profit Organization という概念が米国の法人制度に基づくものなので、国際比較の枠組みとしては別の用語のほうが適切だと考えたからであろう。しかし、その後の研究は、Salamon and Anheier（1992）らによるＮＰＯ概念の普遍化へ進み、世界比較に耐えうるような概念となっている。したがって、本稿で Kramer を引用するときにもＮＰＯという概念を用いることにする。

（17）クレーマーによれば、たしかに福祉国家の初期には、ＮＰＯはさまざまな福祉サービスの開拓者の役割を果たしてきた。とくに障害者福祉サービスの開拓で果たしてきた役割は大きかった。障害者のニーズの把握と、それへの対応という点で福祉ＮＰＯは開拓的でパイオニアの機能を果たしてきたと言えるという。しかし、こうした民間のＮＰＯに始まり、その後、政府によって引き継がれたり、政策として大規模に採用されるというパターンは、じつは稀であるという。ＮＰＯは、むしろプログラムが変更されるときに、その開拓的な機能を発揮する場合があるという。Kramer（1987:173-92）

（18）社会福祉に関しては、ソーシャルワーカーとボランティアとの関係には問題が多く、ソーシャルワーカー教育のプログラムにボランティアとの協力や協働のコースがない点にも論及している。むしろ消費者主義に関するＮＰＯの役割が注目されている。

（19）Kramer (1981:193-211).

（20）Kramer (1981:212-32).

（21）Kramer (1981:233-54).

（22）サービス提供機能がＮＰＯの必要十分条件でないことはもちろんである。ＮＰＯ概念についてはSalamon and Anheier (1997) や安立（二〇〇六）を参照。

（23）「成功」をここでは組織の持続と拡大という意味に限定して論じることにする。組織の持続と拡大が「成功」の唯一の尺度でないことはもちろんである。しかし、ＡＡＲＰは、その当初から組織の拡大を求めていた。したがって、ＡＡＲＰ内在的に論じれば、今日にいたるまでＡＡＲＰは「成功」してきたと言えるだろう。

（24）高齢化の時代的な区分やそれぞれの段階における特質についてはさまざまな議論があるが、Torres-Gil や安立・小川（二〇〇一）などが「ニューエイジング」という概念を検討している。

（25）ＡＡＲＰはニューズレター、会報だけでなく、ラジオやテレビ番組の制作、近年ではインターネットを通じてのさまざまな情報提供を行うなど、多様なメディア戦略を展開している。

（26）二〇〇二年度の財務報告によれば政府補助金は歳入総額の一〇％未満である。

（27）もちろん背景は単純なものではない。ＡＡＲＰは近年、ＩＲＳ（内国歳入庁）とＮＰＯに対する課税範囲をめぐって争ってきた。また郵政局との郵便料金の非営利組織特典をめぐる争いや州政府レベルでの免税範囲をめぐる争いなども知られている。その他、巨大なシニアビジネスに関しては、過去にもさまざまな問題があったことも指摘されている。Morris (1996), Atta (1998) 等。

（28）Williamson and Beard (2006).

（29）Salamon (1995), Anheier (2005) 等を参照。

（30）安立 (2005a, 2005b) はこの問題を論じた。

（31）Salamon は米国における政府とＮＰＯとの関係を、「第三者政府」と表現している。Salamon (1995), Anheier

(2005) 等を参照。
(32) 矢澤(二〇〇三)が包括的で行き届いた論考を行っている。
(二〇〇六年、『社会学評論』日本社会学会、57(2): 275-291)

「高齢社会」というペシミズム――日本の人口高齢化に取り憑いた呪文

1　高齢社会に取り憑いた呪文

まず、私たちの現在を色濃く塗り込めている「高齢社会悲観論」についての問題を提起しておこう。日本では人口の少子・高齢化が不可避的に進行し、日本の社会福祉や社会保障に悲観的な将来をもたらすとされている。これは客観的で動かしがたい事実のように見えるが、はたしてそうなのだろうか。ある種の枠組みに拘束された見方（時間意識や社会像）だから、そう見えるのではないか。それは、私たちの未来展望の前提を拘束している「呪文」のようなものではないか。

私たちは、いま日本の将来を考えはじめると、いきなり「超高齢社会」や「人口減少社会」という人口学的で客観的な装いをもった見方に取り憑かれてしまう。「人口動態をみると日本は少子化し高齢化が進行していく、総人口も減少している、やがて半減することは確実だ、したがって社会保障や社会福祉も現在の水準を維持するのは困難だ」という人口学的な「予言」に囚われてしまうのだ。このような将来予測を「前提」にしてしまうと、あとは年金や医療、福祉、介護などのソーシャル・サービスの水準を維持するのは困難だという「高齢社会ペシミズムと人口減少ニヒリズム」にからめとられてしまう。それは一見、客観的な「事実」に基づいているように見えるので、それに抗うことはかなり難しい。実際に現代の社会保障論や社会福祉論は、この人口学的予測を前提としている。つまり大枠をペシミズムで囲まれた中で、高齢社会のあり方や社会保障を論じている。それは敗戦が確実な試合の終盤を、なかば諦めつつ戦っているようなものである。

だが、このような人口動態に関する将来見通しは、はたして確実で逃れがたいものなのか。また人口の動態と社会意識とは、相対的に独立のはずなのに、日本においては、その両者が不可避のセット、いわば一種の運命論のように、われわれを拘束してしまうのはなぜか。本論文は、人口学やその将来予測の妥当性など、その是非を検討するものではない。しかし、現在の日本の高齢社会論や社会保障論が、ほとんど例外なく前提としている「高齢社会悲観論」を疑うことを主題とする。なぜなら人口動態と「ペシミズム」とをセットで受け入れたとたん、すべては虚しい、いずれは消滅するだけだという「高齢社会ニヒリズム」もまた必然となるからである。

2 人口高齢化決定論

人口の動態と、ペシミズムやニヒリズムとは、意識の中では密接に関連することが多いのはたしかだ。しかし、論理的には、独立のはずである[1]。

日本の「高齢社会悲観論」は、比較社会学的にみると、どこか一面的すぎるし、過剰すぎる反応である。事実を確認し、未来を予測することは重要だ。しかし、その予測が「悲観」に偏ってゆき、未来への諦めを帰結する傾向が強いと問題になる。それは一種の「オーバーラン」ではないか[2]。

たとえばヨーロッパの地方、たとえばフランスやイタリアの地方で、「高齢社会」論や「地方消滅」論が盛んだろうか。北欧諸国ではどうか。広大な国土に小さな人口、年間の半分以上は冬というような北欧では、日本の地方よりもはるかに人口密度が低く、消滅しかかっているように見えるはずである。西欧だけでない、西アジアやアフリカなど、日本よりもはるかに厳しい風土や条件であるにもかかわらず、日本のような高齢社会悲観論が蔓延しているという話を聞くことはない。これはどうしてか。

高齢社会を考えると、条件反射的に、悲観論（私たちはみな老いていく、老いていった先には死が待っている、私たちの総人口は減少していって、やがて消滅する等々）と、政策的なニヒリズム（少子・

高齢化のせいで、いずれ年金・医療・福祉・介護などの社会保障負担は財政的に維持できなくなる）が現れてきて、私たちを悲観的な方向へと水路づけていってしまう。このような意識の磁場を問題にしたい。「高齢社会悲観論」は、私たちにかけられた呪文のようなものではないか。それはなぜ執拗に取り憑いてきてしまうのか。

3 高齢社会悲観論

近年の社会保障の論議、また介護保険改正のたびに繰り広げられる議論でも、顕著にこの「高齢社会悲観論」があらわれる。市民の側よりもむしろ国や自治体の政策担当者の側のほうに、より顕著にこのペシミズムとニヒリズムが見られるようだ。介護保険の事業者側にも、当然のようにこの悲観論は伝染する。介護保険の発足時には、高齢化によって「介護」という新たな産業や雇用が創出されるのだという予測と政策意図も語られていた。ところが現在では、そのような肯定的なビジョンは一掃されてしまった。不思議なことである。このような、社会の拠って立つ基盤すら危うくするような悲観論に、なぜやすやすと染まってしまうのか。そして利用者・国民側にも、この「高齢社会悲観論」がひろく共有され、いわば「問われない前提条件」のようになってしまっている。これでは将来に向けた建設的な提案や改革や政策がでてくるはずがない。「高齢化の進行によって介護保険はいずれ破綻する」と皆が考えるようになれば、遠からずそのようになってしまうだろう。社会学的に言えば「予言の自己成就」(R. K. マートン)のメカニズムである。

このままでは努力しても、制度を維持させること——発展ではなく縮小しながら維持させることが最大限の目標になる。制度の運営も、利用制限やサービスの縮小や廃止がメインとなるだろう。いずれにせよ「節約し、縮小し、最後は……諦めるしかない」ということになるだろう。それは究極の消滅へ向けた無意識的な諦念だ。

このペシミズムとニヒリズムに取り憑かれないで未来を考えることはできないものだろうか。この悲観論から解放される方法はないのだろうか。[3]

4　問われない前提条件

高齢社会論が、現在のような「問われない前提条件」(あるいは人口問題はあえて問わないことにするという前提)のもとで考えられ論じられているとするならば、いずれはペシミズムとニヒリズムへと帰結することが避けられない。人びとは、考えれば考えるほど解決策はない、という悲観に陥っていく。真剣に考えると悲観にいたる、そして悲観の先には諦念があるのみではないか。だから、つきつめては考えないようにしよう、というのが現在の高齢社会論なのではないか。考えるとよけいに分からなくなる、つまり、考えると考えられなくなる、というパラドクスに陥るのが「高齢社会」論なのである。

でも、はたして本当にそうなのか。

そうではない、と考える。突破口を示した先行者がいるからだ。一見、高齢化や福祉や介護とは無関係な、別次元の社会学の中に、それは見つかる。真木悠介の『時間の比較社会学』(一九八一)である。以下、真木悠介の時間論を紹介しながら、われわれの直面している「高齢社会ペシミズム」を克服する方向を探究してみたい。

5 「高齢社会」と時間——真木悠介の『時間の比較社会学』

真木悠介の『時間の比較社会学』は一九八一年に出版された。四〇年以上も前の著作である。理論社会学の世界では突出した作品だが、あまりにも突出しているためか、あるいはその探求や考察が、主としてフランスの哲学や文学作品を根拠題材としているためか、理論社会学の外側では、その影響力はあまり発揮されていない。ましてやこの考察が、高齢社会論や社会福祉・社会保障論には応用されたことはない。あまりにもかけ離れているためだろうか。いわば孤立した理論なのである。

しかし、次のような理由で、この著作には、高齢社会を考えるうえできわめて重要な意味があると考える。日本の社会保障や社会福祉を考える時に、その前提となっているのは、人口学的な動態である。その人口学の根元には、私たちの人生の時間意識がある。しかし、その時間意識とはどのようなものなのか、それがあまりにも一面的な時間意識なのではないか、と根底から問いかけてくるからだ。しかも、この時間意識を批判的に問いかけ、乗り越えることが可能だと論じているからだ。

真木悠介によれば、彼の理論的な課題は二つある。ひとつは、人が自由に生きようとすると、人と人とが対立して相剋的な関係に陥ってしまう。そのような人と社会が生み出す相剋性をどうのりこえるかである。ふたつめは、人は生きて老いて死んでいく。社会も同じでいずれは消滅していくというペシミズムやニヒリズムをどう乗り越えるか、であるという。この前者を追求したのが『自我の比較社会学』であり、後者が『時間の比較社会学』である。

高齢社会論を無意識のうちに覆っているのが、社会が老いており、いずれ帰無していくというペシミズムとニヒリズムであるとしたら、『時間の比較社会学』は、現在のわれわれが直面している根本的な課題、しかもその大前提となっている時間意識へと、切り込むきっかけになるのではないか。

では真木が取り組んだ問題とは何か。「西欧的な時間のニヒリズム」に対抗し、それから解放されることであった。「時間はつねに未来に向かって一方向的に流れてゆき、現在はつねに過ぎ去り、過去となって虚しくなっていく」というニヒリズム、「われわれは最後の時に向かって進んでいる」という西欧近代に発する単線的で終末論的な時間観から解放されることであった。

この探求は、比較社会学という方法はとっているが、用いている材料は、文化人類学的な調査研究や知見、西欧近代のとりわけフランスの文学作品や批評、社会哲学などが中心であり、一瞥したところでは、高齢社会論や社会保障・社会政策論とは無縁であるかのように見える。

しかし現在の高齢社会論は論じれば論じるほど、その議論の先、その先の限界がみえてくる。「限界集落」や「地方消滅」や「人口減少社会」などは論じられれば論じられるほど、その先には「帰無する未来」しか見えなくなる。つまり、未来の社会保障や社会政策が論じられれば論じられるほど、未来や将来について「消失や消滅」という「帰無」が露出してくるのである。そして「ペシミズム」や「ニヒリズム」が侵食してくるのである。

6 「時間の比較社会学」を応用する

このように、高齢社会論には、ペシミズムやニヒリズムが取り憑いてしまって、脱いでも脱いでも脱ぎきれない。洗っても洗っても洗い落とせない。そもそも、高齢社会論には、そのような呪文が取り憑いていると、人びとが自覚しているかどうかも疑問である。つまり、高齢社会を論じるとき、私たちは知らず知らず、ある種のペシミズムとニヒリズムに取り憑かれながら論じていることになる。どういうことか。

「私の死のゆえに私の生はむなしいという感覚、人類の死滅のゆえに人類の歴史はむなしいという感覚は、くまなく明晰な意識にとっては避けることのできない真理のように思われる」（真木、一九八二）。人間と人類にとっての未来や将来を、明晰に考えようとすればするほど、いずれ訪れる死や死滅も、明晰に見えてくる、見えてしまう、ということである。

なぜ、そう見えてしまうのか。われわれが持つ時間意識が、単線的で一方向に進み、不可逆であるからだ。この時間意識のもとでは、われわれは、不可避に死や死滅へと向かっていることになる。すべては、やがてむなしくなる。そういうむなしさが、現在の日本において、高齢社会や将来の社会保障、もっと端的には介護保険の今後を考える上で、きわめて大きくのしかかってくるのである。われわれは、いわば、このむなしさの上にたって高齢社会や介護保険の未来を考えているのだ。

たとえば、現在の「介護保険」が、あたかも失敗であるかのように、成功すればするほど失敗していくかのように見えてしまうのはなぜなのか。成功してもその先は虚しい、成功するほど将来に負担を残してしまう、と見えてしまうからである。その大きな理由が、このような時間意識にあるのではないか。短期的に成功であっても、長期的には虚しいもののように思われてしまうのだ。長期的に虚しいとすれば、拡大させ発展させることは無意識的に抑制されることになるだろう。

　しかし真木もいうように、単線的で一方向に進むという時間の観念は、近代的社会に固有な時間観念であって、けっして人類に普遍的なものでも、超歴史的な真実でもない。彼は西欧近代的な時間概念とは別の時間観と、その時間に従った生き方がありうることを示す。それが『時間の比較社会学』の目的だった。だとすれば、日本社会全体が、高齢社会の悲観、人口減少、「地方消滅」という大きな壁にぶつかっている現在こそ、もういちど、真木の時間の比較社会学を読み直す必要があるのではないか。

7　時間への疎外／時間からの疎外――「高齢社会悲観論」の構図

　あらためて真木の時間の比較社会学を理論的に要約してみよう。その理論的なエッセンスは「二重の疎外」論にある。それは次のように概観できる。われわれは、ある特定のタイプの時間意識の中に閉じ込められている。ついでその時間意識の枠の内側で苦しみ、悩み、そして悲観したり諦観したりすることになる。ここが要点となる。これは、たんに「時間」についての価値観や意識の問題であるだけでない。むしろ、人間社会のあらゆる場面で起きている現象だといえる。もうすこしていねいに、真木の議論を見ていこう。

時間についての問題を明確化するために、真木は「疎外」という古典的でいささか古びたように見える概念を大胆に使う。真木の疎外論は「二重の疎外」という独特の概念構造になっている。二重であるとは、まず「時間への疎外」があり、ついで「時間からの疎外」という二重の疎外があらわれるという意味である。

真木の時間に関する議論は周到で緻密だ。原始共同体の時間意識、古代日本の時間意識、ヘレニズムとヘブライズムの時間意識などを周到に検討したあと、近代社会の時間意識のひとつの典型として、カルヴァンらのプロテスタンティズムの世界観と時間意識を描き出す。そこから発見していくのは「時間」はひとつではないこと、時代や社会から独立した抽象的なものではなく、時代と社会の中でその姿を変えることである。特定のタイプの宗教的な観念や信仰とも結びついているのが時間意識であり、そうでしかありえない、ということだ。

「時間のペシミズム／ニヒリズム」が現れる前に、ある特定のタイプの「時間意識」へと、私たち人間は、無意識的に「疎外」されているのだということを、まず真木は発見する。そしてひとたびそのような時間意識に浸されたあとで、私たちは、もういちど、その時間意識からさらに疎外されていく。それが、老いや病や死へと向かっていくという第二の「疎外」である。

私たちが時間とともに生きて、成長して、老いていくという、いわば生物学的な事実と、この直線的な時間から、私たちが次第に疎外されていくという意識とは、密接に関連しているが、二つの別のことで論理的に同じことではない、必然でもない、ということを、真木は論じる。ところが、通常、私たちはそれを唯一の、つまり「必然」であるかのように意識してしまう。そこに「高齢社会悲観論」が生じる原因がある。「高齢社会悲観論」は「時間からの疎外」そのものなのだ。

8 存立構造と時間と高齢社会

真木は、『時間の比較社会学』に先立ち、『現代社会の存立構造』(一九七七)で、現代社会の存立構造の中心に、労働が「外化を通しての内化」というメカニズムのもとで、二重の疎外にからめとられることを論じている(4)。

外化とは、人間の行為が「労働」という他者にたいして譲渡されるものとなることである。ついで「労働」へと転化された行為によって得たものによって、生活をなりたたせる。つまり「譲渡をとおしての領有」が起こるとする。この過程が「外化を通しての内化」である。人間は「社会・内・存在」であるから、かならずこの「外化を通しての内化」を行っている。この「外化」が「内化」に回収されない場合、つまり「内化なき外化」が「疎外」である(5)。

「疎外とは、外化したのに内化されない状態、内化として回収されざる外化である。「労働」

したのに、その成果を自分で消費したり、使用したりできないとき、あるいは何か自分に属するものを譲渡したのに、それに相当する他のものが得られなかったとき、疎外が生じる」（真木・大澤 2014:232）。

この「労働」を「時間」に読みかえるとどうか。われわれが「社会・内・存在」であるとすれば、われわれは不断に、社会の時間意識を吸い込んでいる。われわれは「外化された時間意識」から逃れ難いのである。しかし時間意識が「外化をとおしての内化」の過程をきちんと経ていけば、われわれの時間意識は、けっして悲観的にも虚無的にもならないのではないか。真木が『存立構造』の一〇年後に発表した『時間の比較社会学』は、まさに、「外化をとおしての内化」のメカニズムが、時間意識においてもあらわれ、そして「内化なき外化」のままにとどまっていると論じたのではないか。つまり「時間への外化」がおこったあと、「時間の内化」がない場合、「時間からの疎外」が生じる。そう問いかけているのではないだろうか。

9　疎外のニヒリズムへの転化

こう考えると、『現代社会の存立構造』は、「労働」の「疎外」がなぜ起こるかを論じただけでなく、われわれの時間意識もまた、なぜ「高齢社会悲観論」や「高齢社会ニヒリズム」へと転化してしまうのか、そのメカニズムを解明したものとして読むことができるのではないか。

未来に向かう精神一般が、個体と人類の未来に不可避の死をみるがゆえにこの生をむなしいと感覚するのは、ほんとうはつぎの二つの時間意識の特性を媒介として前提している。第一にそれは、ひとが現在をそれじたいとして愛することができず、人生の意味を、つねに「時間」のかなたに向かって疎外していく、そのような時間意識を前提している。第二にそれは、「時間」がひとつの自存する実体のように物象化されて存立し、そのことによって時間関心が抽象的に無限化されてゆくという、そのような時間意識の形態を前提している。（真木 1981）

この見方を示された時、高齢社会の悲観論の由来が見えたような気がした。現在をおおっている高齢社会論のペシミズムやニヒリズム、介護保険の行方の見えにくさ、後期高齢者医療や年金、社会保障全般が袋小路に見えてしまうことなど、それらの理由を深いところで示されたように思ったのである。「私たちは、決して解決できないことをやっている。究極的には解決できないことを、虚しく懸命にやっているだけではないか」というペシミズムやニヒリズム、虚無感や諦念が、なぜ私たちの社会に浸透してきてしまうのかの、根本的な原因や由来が、見えた気がしたのである。

　この真木悠介の論じた近代的な時間意識の二重の疎外のメカニズムは、高齢社会悲観論からの脱出を考えていくうえで、重要な入口となるはずだ。


　近代人は死の問題を、意識の底に封印している。それはみずからの死の問題と人類の死の問題とが、近代的自我にとっては解決不可能な問題であると同時に、それゆえにこの問題にかかわっていては、市民社会を生きてゆくことはできないからだ。（真木　1981）

「高齢社会」にたいする様々な議論も、このような虚無を封印したうえで政策論として論じられてきた。ところが、近年では、この「封印」がどうしようもなくゆるみはじめた、あるいは封印を封印しつづけることが困難になってきた。そこまで「高齢社会」の水位が高まってきて、氾濫が誰の目にもあきらかになってきたからだ。

　この悲観論やニヒリズムの水位の上昇にどう対抗することができるか。

　真木は次のように論じている。


　そのような近代資本主義理性の虚無は、この理性それ自体の力によっては反証することのできないものである。この理性の論理をどこまでも明晰に追求していけば、この虚無の正しいことがいっそう逃れようもなく論証されるだけである。（真木 1981）

ではどのような解決がありうるのか。はたして解決など、ありえるのか。

けれどもわれわれはこの理性を「鈍らせること」―感覚的な麻酔とか強迫的な信仰とか、日常生活の気晴らしとかによる「解決」を、とらないことにする。そこには絶望しかないようにみえるけれども、われわれにはあとひとつだけ、なすべきことが残されている。それはわれわれが、なぜそのような問題をたてるのかということを、それじたいとして知の対象とすることである。ひとつの論理のたてられ方を、そのものとしてみずからの知による探求の主題として眼前におくことである。（真木 1981）

これはきびしくむずかしい「解」である。解であって解でないような、解決はありえないが、ひとつの方向性はありうるというような、そのような「解」の方向性の示唆である。はたしてそのようなことか可能なのか。単純ではない、しかし不可能ではないはずだ、というのが真木の答えである。それが『時間の比較社会学』という著作の全体が語っていることである。

死の恐怖や生の虚無ということを知らないたくさんの人びとがいる。なぜある種の人びとだけが、このような否定しがたい論理の環の中にとりこまれるのか。〈ニヒリズムの元凶〉としての時間が、否定しがたい「客観性」として存立してくるのはなぜか。すべての未来に死があるという事実が、なぜ現在の生をむなしいものとするのか。時間関心がこのように抽象的に無限化されてゆくのはなぜか。生活の「意味」がいつでも時間のかなたへと送り込まれていくのはなぜか。(真木 1981)

真木はこのように根源的すぎるような問いを提出する。そしてその答えは次のようなものだ

「この〈虚無〉の存立の規制自体を、知の照明の対象として主題化し追求すること。われわれの「明晰」の罠を、「非明晰」へとのがれるのでなく、「明晰」をそのものとして対象化する〈明晰〉のほうへと、のりこえること」(真木 1981)

真木の示すこの「解」の方向性は、理論的な極北を示しているように思われる。ただし、一挙にそこまでいく前に、まず、われわれの立っている場所を、もういちど確認しておくことが必要だろう。それには、「高齢社会」という「現実」に直面して「非明晰」へとのがれようとしているわれわれの姿を見つめ直すことが必要だ。「問われない前提」であるのは、それを「問わない」

ことにしているからだ。うかつに問いかけると、われわれには「そこには絶望しかない」ようにみえてしまうからだ。それは恐ろしい。

しかしその恐ろしさは真木によれば「罠」なのだという。

このいわゆる「明晰」の「罠」(一見したところ明晰であるように見えるが、ほんとうの明晰には到達しない、させない罠。それ以外の論理はありえないと見せるような罠、考える方向性の先に罠がしくまれているような思考の罠)は、ほんとうは、明晰の底まで、明晰の先の先まで、つきつめてはいない「中途半端な明晰」あるいは「明晰のようにみえる非明晰」なのだ——そう真木は論じている。

10 「高齢社会悲観論」からの脱出

ここまで「高齢社会」の到来という一見したところまちがいないようにみえる「事実」が、人びとの社会意識のなかで「オーバーラン」していって、高齢化という「見え方」が実態以上に人びとの社会意識を拘束していくさまを考察してきた。「高齢化」は現在のひとつの様相にすぎない。しかし、それが未来へ向けての人びとの意識を根底から限界づけてしまうと、それはペシミズムを生み出し、やがてニヒリズムへと転化していくだろう。真木が参照する哲学者ボーヴォワールの態度は、このようなニヒリズムへの転化を、論理ぬきに拒否しようとする受け止めかたである。

このようなニヒリズムへの断固とした拒否は、しかし、問題を解決するだろうか。そう真木は問いかけている。

もちろん、その拒否は、問題の解決ではない。むしろ問題をより深く潜在化させ、問題を保存してしまう。そう真木は論じる。真木は、問題を拒否したり、見ることを拒否したり、ないことにするという態度を批判する。「『明晰』をそのものとして対象化する〈明晰〉のほうへと、のりこえること」という真木の示した方向は、いかにして可能か。それは「諦める」ことではなく、「明らかに見る」という方法である。

真木は、「時間」という対象へ「比較社会学」という方法でアプローチした。「時間」はひとつであり、直線的に流れ、現在は未来へ向かって帰無していくという「問われない前提」を問い直した。それは、「時間」意識を比較し、比較することを通じて、相対化し、相対化することをつうじて、その呪縛力から脱しようとする試みであった(6)。

「高齢社会」という姿も、「時間」意識のひとつの産物である。しかもそれはたんなる想像の産物ではなく、現実に近づいてきている(ように感じられる)だけに、よりリアルなものとして恐怖をかりたてる。抽象的な「時間」論以上の不安が、そこから生まれる。

しかし、それがやはり一種の「想像の産物」であり、「想像されたものが現実を拘束しはじめている」ことには変わりがない。高齢化や高齢社会を、どうしようもない「現実」であり、変えようのない「運命」だと受け止めたとたんに、「高齢社会悲観論」は乗り越えようがなくなる。

でもそれはほんとうに運命的な変えようのない「現実」なのか。それは、そう見えてしまう、そう見せてしまう、私たちの中にある、ひとつのフィルタリング効果なのではないか。真木の理論的著作は、われわれにまず、そういうことを気づかせてくれる。

それは、福祉社会学における「高齢社会」論の、「問われない前提」を問う大きな課題である。

このような大きな問題は、おそらく、社会保障論でも介護保険論でも社会福祉学でもない、理論社会学しか、挑戦できない課題なのではないか。

11 諦めることと明らかに見ること

真木悠介の『時間の比較社会学』を「高齢社会論」へと応用したとき、そこに「時間」と同じペシミズムやニヒリズムの構造があることが見えてきた。ペシミズムやニヒリズムに浸されたまま、高齢社会を論じることが、はたして「現実的」な高齢社会論なのだろうか。それは特定の時間意識にもとづいた「像」なのではないか。ニヒリズムにもとづいた将来像は「将来はないという社会像」である。それは「いずれ人は誰も死ぬ」と同じような「時間のニヒリズム」の変奏にすぎない。そのような一方向へ不可逆的に進む時間意識とは異なる可能性を、真木は明らかにした。高齢社会論にも、このような可能性を導入すべきだろう。ここでは、そう論じてきた。

それがこれからの高齢社会論の課題だが、ひとつ補足しておきたい。それは「諦め」と「明らかにみる」こととの近接と反転とである。人口の高齢化やその行き着く先を「明らかに見よう」とすると、それは「諦め」に到達する、というのが高齢社会論の現況である。しかし、この諦めにみちた高齢社会論の乗り越えは、人口構造の高齢化という「現実」を否認することによっては得られない。逆である。少子・高齢化や高齢社会という現実を、よりあきらかに見ることが大切である。しかし、いかにしたら「明らかに見る」ことが「諦め」にならないのか。明らかに見ることが、一見、諦めにきわめて近接するがゆえに、明らかに見ようとする多くの調査や研究が、結果的に諦めを前提とした対策や方法へと褶曲していってしまうのだ。高齢社会の「受容」が、「諦め」の受容とならないために、「高齢社会の比較社会学」のような大きな試みが必要なのではないか。

---

(1) 反証するひとつの事例として、社会状況としてもっとも悲惨だった敗戦後の数年間をあげることができる。もっとも人びとが生活に困窮し、もっとも生きづらかった時代こそが、もっとも出生率が高い時代だったのだ。この事実は考えるほどに謎に満ちている。なぜ世界的に大戦後に「ベビーブーマー世代」が生まれたのだろうか。この時期に出生率が高かったという事実は、はたして人口学で説明できるのだろうか。

(2) 「オーバーラン」とは本来止まるべきところで止まれず、行き過ぎてしまうことをさしている。飛行機の着陸時などに起こる現象だが、近代社会の諸現象が、ポスト近代になっても止まらずに続くと同様なことが起こる。

（3）この問題を主題としたのが、安立清史「介護保険のパラドクス―成功なのに失敗？」（二〇一七）である。
（4）真木悠介（一九七七）、真木悠介・大澤真幸（二〇一四）
（5）大澤真幸「『現代社会の存立構造』の行為事実を読む」、を参照。真木・大澤（二〇一四）所収。
（6）真木は悲観的な時間意識から脱しただけでなく、解放されたという。「解放」は、脱出であるとともに、その先までいくことである。それを「解放」というかどうかは別として、相対化するだけでは、脱出したことにはならない、そういう問題提起も含んでいると思われる。

（二〇一八年、『人間科学・共生社会学』8:101-112.）

日本のNPO研究の20年——社会福祉とNPO(1)

社会福祉とNPOの20年——問題の所在

日本の「社会福祉とNPO」研究は、なぜ一九九〇年代から活況を呈し、そして二〇二〇年代の現在、曲がり角に立っているのだろうか。その時代背景と理論の両面から考えてみたい。

第1に時代背景として重要なのは、冷戦終結後の急激なグローバリズムの奔流、そしてそれ以前から言われていた「福祉国家の財政危機」の顕在化、さらに世界的な新自由主義（ネオリベラリズム）的な政策動向（小さな政府志向）などの諸潮流と非営利セクターが「意図せざる共振」をおこしたのではないかという視点から考えてみたい。第二に日本では一九八〇年代から顕著になった人口高齢化やそれへの民間の対応としての住民参加型在宅福祉サービス活動などの勃興、そして阪神・淡路大震災でのボランティア・ブームやその後のNPOへの関心の高まり、それを受けての特定非営利活動促進法の成立やその後の介護保険法の成立と施行、そして介護保険指定事業者として活動するＮＰＯが多く現れた。こうした立て続けの連鎖的な現象を、時代や制度的な連関を、「順接」としてばかりでなく「逆接」としても考察してみたい。そのため介護保険におけるＮＰＯの活動を、サラモンらによる「ＮＰＯの四機能説」の枠組みを適用して検証してみたい。介護保険や介護系ＮＰＯの動向は、まさに新自由主義的な動向との意図せざる、あるいは意図とは正反対の「共振」の典型例をしめしている。第三に近年の公益法人改革、社会福祉法人改革の流れも含めて非営利組織への逆風が吹き、それに呼応するかのように「非営利組織の経営」の必要性が声高に言われるようになった。とりわけ介護保険事業を行っている非営利組織では。この問題を考えるにあたってＰ．Ｆ．ドラッカーの「非営利組織の経営」論を参照しながら、なぜ米国では非営利組織の「経営」がいわれるのか、なぜ日本では「経営」しようとすると「非営利」から逸脱してしまうことが多いのか、考えてみたい。第四に福祉の世界でも政府行政と非営利組織との協働（ＮＰＯに限らず広義の非営利団体）が大きなテーマとなっている。しかし日本では、政府と非営利組織が協働すると「協働」ではなく「協力」や下請けのような役割になってしまいがちなのはなぜだろうか。米国ではどうなのか、違いはどこにあるのか。アウトソーシングや下請け関係にならない「協働」ははたして可能なのか。レスターＭ．サラモンの「第三者による政府」論を参照しながら考えてみたい。

1　時代状況――グローバリズムやネオリベラリズムとの「共振」

米国でも非営利セクター研究が活況を呈したのは一九九〇年代に入ってからだ。言うまでもなく冷戦終結後の世界で、旧社会主義圏の支援の枠組みとして米国流の「非営利」セクターの仕組みが注目され応用されはじめたからだ。いまからふり返ると、一九七〇年代以降、世界的な「福祉国家の危機」論の流れもあり、ネオリベラリズム的な政策動向は、社会福祉の世界にも大きく流れこみはじめていた。旧社会主義圏の崩壊は、「大きな政府」への代替として「非営利セクター」の役割にあらためて注目が集まることになった(2)。その支援の中心にいたのが米国の巨大な財団で、彼らの援助をうけつつ米国の非営利セクター研究のレスターM. サラモンらは「グローバル・シビル・ソサエティー論」を提唱して米国の非営利の仕組みを教示した。米国の巨大財団などは、相対的に政府から独立しながら、市場セクターとも協力関係を築き、社会サービス提供の仕組みや旧社会主義圏の支援の枠組みを作ってきた(3)。こうした世界潮流をふまえ、日本でも、ネオリベラリズム的な政治・政策動向と、ボランティア活動や非営利セクターが「共振」現象を起こしたことを先駆的に論じたのが仁平典宏である。

1−1　「ボランティア」とネオリベラリズムとの「共振」

仁平典宏はその著書『〈ボランティア〉の誕生と終焉』（二〇一一）において次のように論じている。ボランティア活動が、主観的に思念された他者への慈善や贈与だとすると、そこには「贈与のパラドクス」が発生する。ボランティアの慈善や贈与が対象者から受け入れられない（押しつけだとして拒否されたり、ニーズが的外れだったりする）可能性があるからだ。贈与がその行き先を失ったとき、ボランティア行為の行き先はどうなるのか――そのパラドクスがどのように主観的に「解決」されていくのかを、ボランティアをめぐる「語り」の知識社会学として分析している。ボランティア行為の意味が、贈与としての行き場を失うと、政治と交錯したり、国士と邂逅したり、自己効用論的な展開を見せたりするなどダッチロールを繰り返すことになる。そしてボランティア施策が、ネオリベラリズム的な政策動向の中で社会保障や社会福祉と交差していくことを指摘する。ボランティアという贈与が、いつかネオリベラリズム的な志向と「共振」したうえで、介護保険などの福祉に流れ込み、ＮＰＯという「事業」体の経営論的展開に変容していくというのである。この指摘は、ボランティアという個の自発的な行為が、なぜ現代社会に充満してくるのか、社会保障や社会福祉の世界に結びついてくるか、その「共振」の基盤にはネオリベラリズム的な社会動向があることを指摘した先駆的な論考である。

1－2　順接か逆接か――「ねじれ」と「共振」

ボランティアやNPOは、ネオリベラリズム的な政策動向とマッチングが良い、あるいは「共振」しやすいのである。「共振」という概念は、ここで比喩的に使われているのだが次のように理解すればよいだろう。「意図とはべつに、結果として類似の行為や結果をもたらすこと」それが「共振」である。

ネオリベラリズム的な思想とは何か。「社会のあり方は自由をベースにすべきで、そのためには国家の役割や社会政策・社会福祉は最小限のものにとどめ、足りないところは、諸個人や共同体による自己責任をベースにした自発的な活動に委ねていく」思考と政策動向と考えておこう。するとボランティアやNPOは、この思想に同意、共鳴しているわけではない。むしろ反対である。しかしながら結果としてネオリベラリズムと「共振」している。どういうことか。

仁平によれば「社会保障におけるNPOの権限拡大は、介護保険に代表される措置から契約へという転換とあわせて、サービスの選択肢を増やし、利用者に主権を移行させる点で、福祉国家の解体ではなく福祉供給の豊饒化につながるポテンシャルを有していたと考えられる」からだ。また仁平は近著論文において「日本版ネオリベラリズム」は「一見、他の先進諸国のネオリベラリズムと同じように見える。だが、他のヨーロッパ諸国では、包摂的な社会保障制度を削減するためのものだったのに対し、日本では、それが未形成のうちにネオリベラリズムを迎えたという重要な違いがあった」と指摘する。そして「日本の「後発」ネオリベラリズムは、日本型生活保障システムの崩れへの対応という課題を有していたため、社会サービスの削減のみならず、その創出に貢献しているという自己意識も強かった」という。慧眼である。まさにここがネオリベラリズムとボランタリズム（ボランティアやNPOの世界）との「共振」の起こる接面なのだ。この一点があったために、ボランティアやNPOは、ネオリベラリズムとはその精神をことにしながら、活動実態としては「共振」していくことになった。ボランティアやNPOは現実へコミットメントしたがゆえに、結果的にネオリベラリズムの精神と「共振」することになった。もちろんそれを意識しなかったわけではないだろう。しかし当時の時代状況からして、それ以外に道があったろうか。

1－3　「共振」なしの協働は可能か

問題は、事後的には、このように判断できるとしても、当時のネオリベラリズムの動向ぬきにNPO法の成立や介護保険制度は可能だったろうか。日本では、ネオリベラリズム的な政治情勢との「共振」こそが、日本社会の中にNPOを登場させたと考えられる。ボランティアやNPOは一九八〇年代以降の、世界的な新自由主義的な政治や政策動向に適合しているように見えたので受け入れられたのではないか。たとえそれがボランティアやNPO側の意図と真逆であったとしても。

もし日本のネオリベラリズムの政策動向が社会福祉の削減一方だったらNPOとの「共振」は生じなかっただろう。あらたな参加や「創出」があったから（ありえたから）NPO側も「共振」したのだろう。それが後に介護保険につながる地域のひとり暮らし高齢者などへの住民参加型の在宅福祉サービス活動であった。

日本版ネオリベラリズムとの「共振」ゆえに、特定非営利活動促進法（NPO法）も介護保険法も成立・施行された。それによって政府・行政とNPOとの協働は進んだ（ようにみえた）。それが生み出す矛盾や問題は、後に検討する。しかしそもそもの入り口にネオリベラリズムがあったとすれば、NPO研究と社会運動研究とが、交差しそうで交差しない理由のひとつが、ここにありそうだ。社会運動は、ネオリベラリズム的な政治や政策を真正面から批判する。NPOは（その意図はともかく）サービス提供という次元で、政治や政策に協力しているように見えてしまうからだ。また介護保険における当事者主権の課題も、障害者福祉と関連して問題となってくる(1)。

2　福祉におけるNPOの機能

日本の「福祉とNPOの20年」をふり返る時に、どのような分析枠組みがあるだろうか。じつは意外なほど理論や分析枠組みは少ないのである。ここではレスターM. サラモンによるアメリカのNPO分析の枠組みを用いて日本の社会福祉とNPOとの関係の分析に応用してみよう[5]。サラモンによれば、アメリカの非営利組織や非営利セクターは四つの社会的機能を持つと整理されている。それは「サービス提供（Service provision）」、「価値の擁護（Value Guardian）」、「アドボカシー・問題発見（Advocacy/Problem Identification）」、「コミュニティ形成（Community building）」だという[6]。これらの項目を日本の福祉NPOの実態や活動に当てはめてみよう。いささか古い枠組みながら、この20年間の福祉とNPOをめぐる研究の流れを整理するうえで分かりやすい分類だからだ。

2-1 サービス提供機能

社会福祉におけるNPOが、社会運動や住民運動と顕著にちがう点は、社会の法や制度にたいして積極的に市民参加や住民参加を要求しただけではなく、サービス提供も自分たちで担おうとした点にあるだろう。法律や制度を批判するだけでなく、サービスを提供しながら、それを変えていこうとした点にそれまでにない新しさがあった。

これまでの日本の社会福祉組織、とりわけ社会福祉法人や社会福祉協議会などには、様々な批判があった[7]。措置制度のもとでは、内容も財源も権限も政府行政によってコントロールされ、行政措置としての社会福祉——その運営が委託されるという制度枠組みの中に社会福祉法人や社会福祉協議会はおかれていた。したがって福祉サービスの質的な改善や量的な拡大などへ関われる余地は少なかった。それにたいしてＮＰＯ法人格を取得した団体には、もっと大きな可能性と自由度があるように見えた。個別の官庁や行政府によって「許認可」された法人ではなかったからである。ゆえに介護保険事業者として制度の内側のサービス提供だけでなく、制度では充足されないニーズにも応えられるはずだと思われた。この見方は「さわやか福祉財団」が提唱していた介護保険制度とボランティア・ＮＰＯとが「クルマの両輪」として協力して高齢社会を支えるという考え方に典型的に見られる。それは介護保険制度で提供されるサービスでは不足する部分を、ボランティアやＮＰＯが補充して提供しようという補完的な提案であった。また介護保険制度では、社会福祉法人や社会福祉協議会、農協や生協、さらに営利企業なども介護保険指定サービス事業者になったことで、様々な法人間の競争と切磋琢磨で質的にも量的にも改善していくことが期待されていた。[8] ＮＰＯは、制度の内側では指定サービス事業者として、制度の外側ではボランティア団体やＮＰＯとして活動の幅を広げようとしたのだ。

この「クルマの両輪」こそ、まさに新自由主義的な発想のもとでの非営利組織の役割理論だったと言えるが、二〇年間をふり返るとどうなったか。当初は小さく不十分だと思われていた介護保険サービスだったが施行されると利用は急激に伸びた。そこで制度改正のたびに介護報酬やサービス内容の改定が進み、施行当初の一番人気だったホームヘルプサービスは利用が抑制されるようになった。やがて生活支援も廃止され、それにともない介護保険から脱退するＮＰＯ法人も増えてきた。介護保険という制度の内側だけでなく外側も両方カバーするというＮＰＯの理念は制度の壁にはばまれた格好だ。現状のままでは介護保険サービスの枠内でＮＰＯの独自性を発揮することは難しいようだ。では、ＮＰＯのサービス提供事業者としての役割は今後どうなっていくのか。

現在からふり返ると、新自由主義の考え方を逆手にとる道もありえたのではないか。しかし介護保険制度の仕組みのもとでは、制度の持続や維持が優先されることになった。もともと社会保険として保険料を安定化するための仕組みや多様な事業者を管理運営していくための複雑に設計されたコントロールシステムも内蔵されていた。結果として非営利も営利も同じような「事業者」に均等化されていく。ＮＰＯの側もあえて介護保険の制度を踏み越えることはほとんどなかった[9]。非営利組織の側は、サービス提供での経験を踏まえた介護保険への問題提起がもっとありえたのではないか。小竹（二〇一八）らはそう考えている[10]。

ほかにサービス提供機能にかんして記すべきことは、既存の社会福祉組織には出来ないことを成してきたＮＰＯや社会福祉組織が一九九〇年代からいくつも現れてきたことである。一九九一年にはじめられた「宅老所よりあい」をひとつの典型とする民家改造型の宅老所[11]などもそのひとつだ。認知症のデイケアやグループホームのモデルとなった宅老所は、利用者中心のサービス提供の経験の中から生み出された新しい社会福祉だと言えるだろう。この「宅老所よりあい」をモデルとして佐賀県のＮＰＯ法人などから宅老所の全国ネットワークも拡大していった。また富山のＮＰＯ法人「このゆびとーまれ」は、幼児保育、障害児者、高齢者を総合的にケアする幼老障共生型という新しい方法を開発してきた。この流れからも「地域共生型」や「全世代対応」という新しい流れが創出された。そのほか「地域密着型多機能施設」や「地域包括ケアシステム」、「子ども食堂」や「ケアする人のためのケア」など、NPOの多様な実践の中から、数しれぬほど多くの新しい活動やサービスや事業が創出されてきた。

2-2 価値の擁護 (Value Guardian)

NPOによる「価値の擁護」とはどういうことだろうか。通常言われているのは「価値の多元化」に寄与すること、具体的には社会的マイノリティの文化や活動や価値観を守る役割などだといわれている。しかしそれでは当たり前すぎる。ここで言われている「価値」はドラッカーのいう「ミッション」に近い含意があると考えたらどうだろう。それは普通に言われる「価値観」以上の《価値》、いわば宗教的な使命感すら帯びた価値のことを、含意していたのではないだろうか。

米国のNPOは、日本では「非政治的、非宗教的」なものであると理解されている。実際には高齢者団体のAARPを見れば、「非政治的」ということは「選挙活動や政治献金」をしないという意味であって、政治に一切関わらない、政治とは無関係に活動する、という意味ではない。AARPは高齢者政策には深くコミットするし、非宗教的とはいってもその出自や由来、創設者の思想や信条には濃厚に宗教的な信念も含まれている。価値の擁護を、政治や宗教とは違った角度から実践しようとしていると考えたらどうか[12]。

中西正司・上野千鶴子らは『当事者主権』の中で、介護保険における当事者主権性の弱さに警鐘を鳴らしている。社会福祉との関連で言えば障害者の自立生活運動などから形成されてきた「当事者主権」にたいして、高齢者福祉における「当事者性」の弱さ、そこに付随する「パターナリズム」性をどう克服していくか。難しい課題だが、福祉社会学の課題にも通じてくるのではないか[13]。

2-3 アドボカシー・問題発見（Advocacy/Problem Identification）

「アドボカシー」は通常「社会的弱者によりそってその代弁を行うこと」、そこから生じて「社会問題を発見していくこと」「政策提案を行うこと」などの意味で使われる。近年ではLGBTQの運動などとも関連してNPOの役割として注目されているところだ。

日本の介護保険におけるNPOのアドボカシーはどうだっただろうか。介護保険草創期の「介護の社会化を求める一万人委員会」などの時期には、積極的で能動的なアドボカシーが全国各地からおこっていた。厚生労働省の政策担当者たちによる『介護保険制度史』をみてもそれは明かだ。しかし同時に制度が立ち上がって以降は、NPOによるアドボカシーが制度や政策運営に大きな影響を与えた形跡はほとんどない。それはひとつにはNPO法人などが、介護保険事業者の中に占める割合が少ないという事情もあるだろう。しかし社会福祉法人や生協・農協などの非営利セクターの声も大きくは取り上げられていないし、そもそも介護保険事業者の声のみならず、当事者（利用者や利用者家族）の声も、制度改正には、ほとんど取り上げられてこなかった。もっぱら財政上の問題や、事業者の収益の問題、そして介護職の離職・転職率などの問題がもっぱらだった。当事者や事業者の声がそもそも反映されにくい制度設計であり、当初考えられていた以上に、アドボカシーが発揮されにくい制度設計になっている。そこに大きな課題があるのではないかと介護保険制度ウォッチャーの小竹雅子らは警鐘を鳴らしている[14]。

2－4　コミュニティ形成／ソーシャルキャピタル（Community-building）

ＮＰＯはその活動により地域コミュニティにおける「社会関係資本」になると言われている。この点に関しては一九八〇年代から始まった住民参加型在宅福祉サービス活動団体の事例がそれを示していると言われる。住民参加型在宅福祉サービス活動団体とは、ボランティアによる任意団体が中心で、地域のひとり暮らし高齢者などへ生活支援やホームヘルプ活動を行う団体だった。こうした団体をネットワーク化してきたのが「さわやか福祉財団」や「認定ＮＰＯ法人・市民福祉団体全国協議会」などだった。ほかにも認知症の高齢者のケアに関わる「宅老所・グループホーム全国ネットワーク」や各地に「宅老所」を運営するＮＰＯ法人や社会福祉法人のネットワークが形成された。

こうした流れの中で、地域の中で「ふれあい・たすけあい活動」などによって新たなネットワークが形成され、それは新たなコミュニティの形成、社会関係資本となった。とりわけ女性たちが形成し、女性たちがリーダーになって形成されたという特徴をもつ「新しい社会関係資本」になってきたと言えるだろう。

いくつか考えておきたい。個々のＮＰＯによる「ふれあい・たすけあい活動」などの中ではそれがソーシャルネットワークやソーシャルキャピタルになっているとしても、他のＮＰＯとの連携や協働関係や、社会福祉法人や地域の社会福祉協議会との連携や協働も多いとは言えない。ＮＰＯの活動は、ひとつひとつの島宇宙のようでもあってＮＰＯ相互のネットワークは濃厚にあるわけではない。その理由の多くは、現在の社会福祉制度の体系じたいが、官公庁や都道府県などの縦割り事業の枠組みに影響されていることも一因だろう。またＮＰＯという制度は二〇年程度の歴史しかなく、まだ不安定である。ＮＰＯが日本においてコミュニティ形成やソーシャルキャピタルの原動力になれるかどうか。現状ではまだ将来予測は難しい。

3　非営利組織の「経営」はいかにして可能か

ピーター・ドラッカーの『非営利組織の経営』（一九九〇→二〇〇七）はじつに魅力的で、問題提起的な書名だった。日本の福祉のそれまでの常識からすると「非営利」であることと「経営」

することとは、水と油、本来「ありえない」ことだと思われていた。それが「非営利」と「経営」のあいだに「ミッション」を媒介させることで可能になる、いや必要になると言う斬新な主張だった。NPOに関する多くの教科書でも、非営利組織は、まさにその「非営利」ゆえの弱点としてコスト意識を持ちにくく、資金や資源の無駄遣いのチェックが難しいとされてきた。[15]それに対して非営利組織でも経営できる、いや、非営利組織こそ経営すべきだ、という積極的な主張は、多くの非営利組織の実践者や非営利セクターの研究者を驚かせ魅了してきた。でも、はたしてそんなことが可能なのか。

ドラッカーの『非営利組織の経営』を読みなおしてみると、非営利組織の経営とは何か、そのノウハウ、理論やモデルが述べられているわけではない。むしろ非営利組織リーダーの直面した問題とその解決のエピソード集というべきものである。[16]非営利組織改革の事例集や問題提起ではあるが、はたして、これを読んで非営利組織の経営が出来るようになるのだろうか。

むしろこう考えるべきではないだろうか。米国の非営利組織は、その基本が「ミッション」を達成するための組織である。[17]だとするならば非営利組織に「ミッション」があること、その「ミッション」遂行のための組織であることが、米国の非営利組織を「経営」するためのクリティカルな条件ではないか。

しかし日本のNPOや社会福祉法人、公益法人にもきちんと定款の中に書き込まれた「ミッション」が掲げられているではないか。米国と日本とでどこが違うというのか。すこし説明が必要だろう。ここから先は一種の理論的な問題提起であることをお断りしておく。

米英語における「ミッション」という言葉の含意を考えてみたい。語義をみると「1 使節。また、使節団。2 使命。重要な任務。3 キリスト教の伝道。布教。宣教。また、伝道団体。伝道組織」とある。キリスト教起源の概念であることは明白だ。ここから少し補助線をひいてみたい。米国におけるNPOとは「教会のような協会」でもあると考えられないだろうか。少し補足が必要だろう。米国のNPO定義によれば、それは非政治的組織、非宗教的組織であるともされているからだ。この場合、宗教活動をする宗教組織にはより手厚い法的保護があるのだから、NPOはそれ以外の非営利活動をするための組織であるとの含意もある。しかしだからといって宗教性をもってはいけないとか、無宗教的であれとは言っていない。つまり「非営利」の組織は、宗教と絶縁した組織ではないし、宗教性が禁止された組織でもない。ただそれを目的とした組織であってはならないと言っているだけだ（政治についても同じことが言える）。

近年、パットナムらの大著『アメリカの恩寵』（二〇一〇→二〇一九）などで、あらためて注目されているのが米国社会の宗教性の強さだ。さかのぼって考えてみるとパットナムの「ソーシャル・キャピタル」という概念は、たんに地域に内在する社会関係資源ではなく、むしろ意識的に形成される社会関係、もっといえばある種の宗教性とともにある社会関係なのではないか。そう考えるほうがパットナムの仕事の一貫性からも理解しやすい。こうした文脈をふまえると、やはり米国のNPOは、宗教的なバックボーンのある環境（もちろんキリスト教に限らない）のもとで活動している組織活動が多いように見えるのだ。一例として米国の巨大な高齢者NPO組織であるAARPを考えてみたい。この団体は「高齢者による高齢者のための高齢者団体」として始まり、以後、オバマ以前の米国に存在しなかった公的な医療保険を、NPOによるグループ医療保険として実現して成功をおさめ、その会員数や資金力をもとに全米の議会において高齢者のための政策や施策を監視するなど、高齢者のための利益団体・圧力団体としての特徴が濃厚だった。よって巨大なシルバー産業、高齢者の利害しか考えない圧力団体として強い批判を浴びたりもしてきた。しかしそれだけではないのだ。その起原や歴史をみれば創設者のエセル・パーシー・アンドラスの中には、エイジズムや貧困に苦しむ高齢者のための普遍的な連帯をつくろうとしてきた側面を見逃せない。つまり人種や文化や地域を越えて（エイジズムに苦しむ）高齢者であることを唯一の連帯基盤とする普遍的な共同性をつくろうとしてきた。こうしたシニアムーブメントの結果として米国では「定年制度」が「年齢差別」として撤廃されることになった。このように高齢者のためのアドボカシーを行うという「ミッション」性には強い宗教性が刻印されている。AARPを巨大で自己中心的な利害集団、シルバー産業や圧力団体としてだけ見るだけでは不十分なのだ。創立者の意識の中では、教会ではないが高齢者のための世俗の教会のような社会連帯組織であることをめざして活動をはじめている。それを「教会のような協会」と言ってみたい。

つまりこういうことではないか。ドラッカーが「非営利組織の経営」が可能だし必要だと自信をもって言えるのはなぜか。それは彼の想定している非営利組織が「ミッション」をもち、その実現に向かって強くコミットしている「伝道組織」のような特徴を帯びていることを暗黙のうちに前提されているからではないか。だとすれば「使命とその伝道」を適切に実現するための様々な合理的な配慮やマネジメントが必要になる。「営利」と切り離した「経営」が必要になる。そういう論理ではないだろうか。

逆に言えば「ミッション」が定款上にはあるだけの、たんなるお題目だったり、成員がそれに深くコミットしていないような場合、非営利組織を「経営」しようとすれば営利組織的な方向へと向かってしまうのではないか。「経営」には目的が必要だが、使命とその伝道が目的でないとしたら、何が目的となるだろう。組織の存続や拡大、そして事業高の拡大などが目的になってしまうのではないか。

介護保険以前の、措置時代の高齢者福祉では、社会福祉法人は、ドラッカーの言うような「非営利組織の経営」が必要とされていただろうか。社会福祉法改正以前の時代であれば個々の法人が独自の「ミッション」をもって独自の活動を行うことはむしろ抑制されたであろう。「運営せよ、経営するな」という行政指導がなされたであろう。

ところが介護保険以後には環境が一変した。営利法人その他の様々な参入団体との競争圧力にさらされ、社会福祉法人もＮＰＯ法人も、否応なく「経営」を迫られることになった(18)。こうした日本の環境のもとで非営利組織が「経営」しようとすると、それは「ミッション」を最大限合理的に遂行しようとするような「経営」にはなりにくい。むしろ営利法人と競争するような合理的な「経営」、人件費や経費の管理や「内部留保」などにつながるような「経営」になってしまうのではないか(19)。

日本の非営利組織が、ドラッカーの言うような「経営」を行うことができるだろうか。「経営」の前に、「ミッション」への深いコミットメントがなければ「経営」することは、「非営利」を「営利」に近づけていくことになるのではないか。「経営すればするほど非営利から遠ざかっていく」というジレンマが生じることになるのではないか。

4 政府と非営利組織の「協働」はいかにして可能か

レスター・M・サラモンが、日本に与えた影響力は絶大だった。どうしてか。新自由主義的な政策動向の中で、政府とNPOとの協働（パートナーシップ）というテーマは、たいへん折り合いがよく、取り入れやすかったからだろう。しかし分かりやすく見えることこそ、ほんとうは分かりにくいことではないか。

法律や制度、政府や行政のあり方、それに価値観や宗教性、市民社会のあり方など、すべてが異なった米国のNPO制度が、なぜこれほどスムーズに日本に入ってこれたのか。ひとつには「行政とNPOとの協働」や「政府と民間とのパートナーシップ」が、非営利セクターの中心的役割であるとするサラモンの主張が、NPOにとっても政府・行政にとっても、分かりやすく応用しやすかったからだろう。ただこの分かりやすさにこそ落とし穴があった。「政府と民間との協働」という概念は、日米で同じに見えてじつは大きな落差がある。どういうことか。

サラモンの経歴をふり返ってみると、カーター政権における予算局次長時代の経験が大きい。彼は、その後のレーガン政権での大きな政策転換に問題を感じて非営利セクター研究に入り、ジョンズ・ホプキンス大学政策研究所でNPO研究の教授をつとめてきた。つまり連邦政府の行政官としての経験から、彼の非営利セクター理論は形成されてきた。政府にとって非営利セクターは重要なパートナーであるという理論的な前提があると考えられる。そして彼の福祉とNPOについての理論モデルは、ラルフ・クレーマー（Ralph Kramer）の福祉供給における「Voluntary Agency」モデルを受け継ぎながら[20]、ニール・ギルバート（Neil Gilbert）の「福祉の市場化」モデルを応用・拡大したモデルであると考えられる[21]。それは既存の福祉システムを革新するものではなく、むしろそれが非営利セクターとの協働ゆえに機能していることを可視化し正当化することを目的としていた。しかも「小さな政府」を志向する新自由主義の考え方とも衝突せず、むしろ「共振」していた。だから影響力は米国のみならず世界的にも大きかった。冷戦後の世界が必要としている半歩先のモデルがそこにあったからだ。それは米国が建国以来、無意識のうちに前提としてきたモデルであり、レーガン政権以前にはそれが機能していたのだ。それを再機能させようというサラモンの主張は非営利セクターのみならず政策当事者にとっても受け入れやすかった。

とくに冷戦終結後のネオリベラリズムの考え方が強くなった時代にあっては。日本でも「政府や行政とＮＰＯとの協働」というテーマは時代の流れにそっており、当然の前提のように受け入れられた。

サラモンの主著『Partners in Public Services』（一九九五）を見てみよう。そこで中心的に述べられている理論モデルは「第三者による政府（Third Party Government）」モデルと呼ばれている。これは分かりやすそうに見えることが要注意である。それはどのようなものか、サラモンの説明はこうなっている。

「第三者による政府」モデルは「急速に膨張する連邦政府の事業の規模」を安定させるために「直接的な政府から間接的もしくは『第三者機関による』政府への転換」である。つまり「連邦政府が自ら政策の指揮を執るという状況から、目的の達成にあたり種々様の『第三者機関』に徐々に依存する状況への転換が生じた」ことが前提となっている。ここまでは分かりやすいが、ここから先は注意を要する。この「第三者による政府」という複雑なシステムのもとでは「公的資金の支出や公的権限の行使をめぐる自由裁量権を第三者機関の実務者とかなりの程度共有しあう」。ここからは日米で大きな違いがあるところだろう。いくつかの具体的事例をあげながらサラモンは「連邦政府は管理上の役割を果たしているが、自由裁量権のかなりの部分を非政府もしくは連邦政府以外のパートナーに委ねている」というのだ。「政府活動のこのような形態は、政府の機能を連邦政府と州政府とで分担すべきとする米国憲法の構造を反映するもの」だ。つまり「第三者による政府」は米国憲法の精神にのっとっているのだ。その結果「第三者機関による政府は、対立しあう視点を調停し、国家の行政機構を不当に拡大することなく、一般の福祉事業を促進する上での政府の役割を増大する手段」となっているという。そして「民間非営利組織は、第三者機関による政府というシステムに最も無理なく関わることのできる機関の一つである」とし「第三者機関による政府という概念は、階層制の官僚主義的な機構という従来のイメージとは異なり、公共の機関と民間の機関とが広い範囲にわたって責任を分担し合い、アメリカの福祉国家の特徴でもあるが、国家の役割と民間の役割を幅広く融合させる」という。ここから「公共行政の職務がかなり複雑化し、アカウンタビリティーに対する義務や管理の点で実務的な問題が派生するのは事実である」としながらも「巨大な公的官僚体制を作り出すことなく、公的機関を生み出すことができる」という。(サラモン 一九九五→二〇〇七 邦訳 四八-五一頁)

サラモン理論の中心部なので少し長く引用した。ここには一見したところ平凡だが、じつは平凡ではないことが語られているのだ。さらっと述べられているが、日本ではなかなか起こりそうもないことだ。

サラモン理論のエッセンスは「政府が第三者機関に自由裁量権を与える」ことによって「第三者による政府」という新たな「公的機関」を生み出す、というところにある。これが「第三者による政府」の要諦なのだが、考えてみればこれは驚くべきことだ。それは「政府でない政府」を作ることではないか。[22] 言い換えれば、福祉を供給する場面において、連邦政府はリアルな組織であることから、「第三者による政府」という非営利組織との協働体に脱皮していることになる。もちろんＮＰＯのほうも、政府との協働組織へと変身していることになる。この「第三者による政府」が成立して、その一部としての非営利組織に「自由裁量権」が与えられるのでなければ、政府と非営利組織との協働（パートナーシップ）というモデルの実質はないに等しい。ここがポイントになるだろう。サラモンは『Partners in Public Services』の中では、連携による「第三者による政府」と言っているが、近著のなかでは「バーチャル政府」とも表現している。[23] つまりこういうことではないか。連邦政府も、非営利組織も、まずは、それまでのリアルな組織という外套を脱いで「バーチャルな存在」になる。いちど既存の組織実態からバーチャルな存在へと転換することが協働（パートナーシップ）の前提となると言っているのではないか。

もしリアルな組織実態のままであったら、政府とＮＰＯとが関係を取り結ぶとしても、互いに別々の主体としての契約関係となる。つまり対等であるかどうかは別として二つの主体間の「二者関係」のままである。当初の担当者はＮＰＯに理解があったとしても組織の中では人事異動があったりして、やがて関係者は変わっていく。つまり「二者関係」としての契約や協働であるとすれば「自由裁量権」はやがて縮小し消失していくだろう。長期的にみると協働関係は、やがて「アウトソーシング関係」「使役関係」「下請け関係」へと変質していくだろう。財源や法的な権限や責任の観点からもそうなっていくのではないか。

そして日本で起こった「協働（共働と書かれることもある）」の実態も、まさにこのように進んできたのではないか。サラモンの述べるところによれば、自由裁量権がなければ、非営利組織が非営利組織らしく働くことはできない。だから、たんに言葉上の「協働（パートナーシップ）」ではなく、協働から始まって「第三者による政府」なるものを作り上げていくプロセスと発想の転換が大切だ。

こう考えられる。「第三者」という概念に秘密がある、と。日本での「第三者」は消極的な概念である。それは当事者ではなく傍観者、つまり間接的な関係者にすぎない。行政府が第一者、非営利組織が第二者であるとしたら、そのさらに外側にいて監視している機関などが「第三者機関」のイメージであろう。それは当事者ではなく、客観的な立場から「二者関係」を見守りながら適正な実行がなされているかを監視監督する役割であり、直接のアクターではない。また「第3セクター」という言葉もある。この場合の「第3」は、政府・行政によって作られた組織という意味になる。行政府の必要に応じて、行政府によって作られた、行政府のための組織、それが「第3セクター」である。行政府に従属する当事者能力に乏しい機関というイメージとなる。これまで日本では「第3」に積極的・能動的な意味は、ほとんどなかったとも言える。そうした文脈でサラモンの「第三者による政府」を理解しがちなのだ。

米国ではどうだろうか。日本とは異なった含意を含んでいるのではないか。「第三者」は超越者でもある。むしろ「二者関係」よりも上位の主体、現実の「二者」よりも上位の主体として描き出される。

より普遍的で超越的なレベルを常に意識し考えるのが米国である。それを米国の建国以来の精神でいえば、政府や市場や組織や人々をより上位の超越的な立場から見守る上位概念――端的にいえば神の視点ということになる。

「第三者による政府」には現実界における「政府」よりも上位の政府という含意があるのではないか。サラモンのいう「第三者による政府」は、現実の政府を、政府以上の政府、現実のNPOを現実のNPO以上のNPOへと変身させる効果がある。それは福祉など限定した領域での仮想的（バーチャル）な政府であるが、ここには重要な問題提起がある。

サラモンが非営利セクターを研究し、非営利組織と非営利セクターの理論をめざした当初の思いをたどれば、政府や政権が変わるたびに、政府と非営利組織との関係がリセットされ変更され消滅していた。それは問題だ、なぜならそれは「法の支配」ではなく「人の支配」であるからだ。それでは公共世界が私的関係に支配されることになる。サラモンは、当時の政権による恣意的な政策変更への対抗モデルとして「第三者による政府」を提唱したのではないか。こう考えると「第三者による政府」概念には、現実界における政府役割への批判的な含意だけでなく、まだ実現されていない未来の政府とNPOの可能なあり方まで含意されていたのではないか。

5　福祉とNPO――その理論的課題

「第三者による政府」は、はたして日本でも可能なのか。そもそも米国以外のどの国にありうるのか。いや米国ですら、本当には実現していない理念的なモデルではないか。

それはいかにして可能か。それを可能にする条件とはなにか。ここがサラモン理論の分かりやすいが分かりにくい部分だ。できそうでできないモデル、ほんの少しの違いのように見えながらじっさいは途方もない距離と、それを飛び越えるような大きなジャンプが必要なモデル。だとしたら、それこそ福祉とNPO研究の重要な理論的課題ではないだろうか。

日本のNPO研究の二〇年をふり返りながら、ひとつの課題が見えてくる。

冷戦終結後の新自由主義の流れのなか、しかも超高齢社会化する中で、政府や行政だけでなく、市民団体もその創出や提供に参加しながら、上から与えられる措置型の福祉でない市民福祉の可能性が、介護保険の創設によってかいま見えた。おりしもNPO法によって市民団体も法人格を取得して介護保険事業者になれるようになった。時代状況は、市民福祉やNPOにとって追い風のように思われ、制度の上からも、ボランティアやNPOが、介護保険へ参加していくのは「順接」であると思われた。

ところが、そこにはある陥穽があった。日本の政府や制度の中に、米国で政府とNPOとの協働を機能させたベースとなる「第三者による政府」のような、社会関係基盤が欠けていた。日本の公益法人や社会福祉法人、そしてNPO法人などに関する政策的な現状は、非営利組織をますます「二者関係」のもとに縛り付け、非営利組織を非営利組織らしくない事業者、アウトソーシング対象にしていってしまうのではないか。それを乗り越えるには、「第三の関係」への想像力が必要なのではないか。

これからも続いていきそうな新自由主義的な政策動向のもと、人口減少社会や超高齢社会化の進行、社会保障の財源や持続可能性など、様々な社会課題が山積し、政府だけでも市場だけでも非営利セクターだけでも解決が不可能なことを示している。大きな社会課題に直面すると、ますます政府や行政によるコントロールが強まるのが現状の傾向だとしたら、それはますます「二者関係」のもとに民間の活力を縛り付けて抑制していくことにほかならない。NPO理論が教えるところ、現状を超えるためには、従来とは異なった発想の転換が必要だ。そのひとつの可能性が「第三者による政府」モデルの中には秘められているのではないか。

追記・補論――「協働」について

行政とＮＰＯ、社会福祉とＮＰＯの「協働」の可能性についての調査や研究が、日本ＮＰＯ学会などのメインテーマであった時期がある。重要な課題だったし私もいくつかの論文で触れている。しかしこれは当初考えられていた以上の難問で、かんたんには解けないし「正解」があるかも分からない。

そこで見田宗介の「交響圏とルール圏」(24) という論文を参考にしてみよう。一見つながりがないように見えるが、実は考察を深めるうえでの補助線になる。彼は「自由な社会」とは何かを一貫して考えつづけた社会学者だった。自由な社会は人と人とのつながりの中に解放的な喜びが存在しているはずだ。それを彼は独自の観点で「交響するコミューン」と名づけた。それは小さな共同体の中で多彩な人びとがシンフォニーを演奏しているというイメージだろう。「福祉ＮＰＯ」をそのひとつの具体例として考えても大きな間違いではなかろう。すると「社会福祉とＮＰＯ」というテーマは、社会福祉という制度のルール圏と、福祉ＮＰＯという共同体の交響圏とが、どうしたら対立・相剋せずに、それぞれの長所を生かして活動できるか、という課題へと翻訳して考えることができるだろう。

社会福祉やＮＰＯの研究者は「協働」という「解」を想定しがちだ。しかし「協働」は、それを求める側と、それを求められる側の両側から思考しなければならない。立場や役割や活動が近ければ近いほど、相手と自分たちとの「違い」を意識させずにはおかない。それは互いを遠ざける遠心力としても作用する。現実的には、求心力よりも遠心力を、相補性よりも対立性を、協力よりも批判を、連帯よりも棲み分けが生まれることもしばしばだろう。

見田は長年の考察のうえで、制度の支配するルール圏（アソシエーション原理）と、共同性が生きる交響圏（コミューン原理）とが、相対的に独立して、ゆるやかな連合が形成できる社会のほうが、より自由で相乗的な効果をもつとする。「協働」ありきではなく、自由な社会の結果が共同や協働になればよい。一見すると棲み分け理論のように見える。しかし無理して「協働」しても真の《協働》にはならない。それが一九六〇年代の全共闘運動やコミューン運動と向きあった結果のひとつの達観だったかもしれない。

「Liberal Association of Symphonic Communes（交響するコミューンの自由な連合）」が見田の到達した社会モデルの境地だ。アソシエーションとしてのあり方と、コミューンとしてのあり方の、双方に「自由」がなくてはいけない。これは平凡なようでいて、かんたんには到達しえない社会理想である。一見すると「協働」と似ているが、思いがけぬほどの距離があるのではないか。

（1）本稿は日本NPO学会の機関誌『ノンプロフィット・レビュー』（二〇一九）に寄稿した論文に「追記・補論」を加筆したものである。
（2）サラモンらによれば、非営利セクターの存在理由は、「政府の失敗」「市場の失敗」「ボランティアの失敗」の三つの失敗から導き出されるという。東欧の社会主義政権の崩壊は、「政府の失敗」を強く意識させた。かといって急激な市場への移行は「市場の失敗」理論がそのまま当てはまる。さらにボランティアに依存することも困難であった。二〇〇〇年当時、ボルティモアのジョンズ・ホプキンス大学のレスターM.サラモンのもとで在外研究していた私は、サラモンの政策研究所が、旧ソ連や東欧から多くの研究者や実践者を受け入れてNPOの実務や非営利セクターについての研修や人材育成を行っていることを強い印象を受けた。そうしたプログラムを支援していたのがフォード財団など、米国の巨大な財団だった。こうした支援を政府が直接に行ったなら内政干渉になるだろう。米国で、NPOや非営利セクターが、旧ソ連や東欧を支援することには、時代の大きな追い風も吹いていたのだ。（Salamon et al. 1999）を参照。
（3）この流れは二〇〇一年の九一一テロリズムで大きな頓挫を経験することになったわけだが。
（4）こうした諸問題は、安立（二〇一八）では検討しているが、安立（二〇〇八）の段階では、十分検討されていない論点であった。
（5）サラモンの理論には批判も少なくない。それが実態の分類にすぎず理論的な根拠なき定義や機能論ではないかという批判もある。しかしサラモンの研究は茫漠とした非営利セクターを新たな定義を用いて可視化しようとする挑戦的な試みでもあったのだ。
（6）サラモン（一九九九）などを参照
（7）社会福祉法人という特別法人は、GHQの指令された社会保障・社会福祉の国家責任を民間の団体に代行させるために「公の支配に服する組織」として創出された。結果、政府・行政から独立して自己決定・自己統治できる民間の社会福祉組織になり得ていないとの批判がありつづけた。

(8) ただしこの制度設計にあたっては介護保険制度史研究会編著『介護保険制度史』(二〇一六)などをみても、行動経済学のいう「市場による道徳の締め出し」の問題は考慮された形跡がない。結果として、介護保険事業の位置づけは、営利でも非営利でも参入できる曖昧なものになった。

(9) たとえば厚生労働省による「不適切事例」の通達などに関しても、なぜ通達などで利用範囲をいきなり制限したり禁止したりできるのか。NPO側ももっと本格的に問題提起したり論戦があってもよかったのではないか。それこそサービス提供を踏まえたアドボカシーではなかったか。もちろん実際には困難ではあっただろう。『介護保険制度史』などを見ると、ネオリベラリズム側にとっては社会福祉の改革がそれほど重視されていたとも思えない。

(10) 小竹雅子『総介護社会』は、そうしたオルタナティブな可能性を考えさせる示唆に満ちている。詳しくは(安立 二〇一八)なども参照されたい。

(11) よく誤解する人がいるが「託老所」ではなく「宅老所」であることに注意すべきだ。両者の意味や含意はまるで違う。託老所なら高齢者を児童扱いする場所の意味になる。宅老所は、自宅のような場所を意味する。外山義のいう「自宅でない在宅」をめざしているのだ。

(12) 「教会のような協会」というイメージを米国のアソシエーションやNPOに感じることが多々ある。礼拝団体ではないが、ある価値を共有し連帯する協会というニュアンスがアメリカのNPOにはあり、日本のNPOにはあまりない。日本ではむしろそういうニュアンスを積極的に否定しようとする傾向がある。

(13) 介護保険制度に参入したNPOにとって「守るべき価値」とはどのようなものであったか。さわやか福祉財団などは「ふれあい社会」の形成をいう。その影響をうけたNPOなどは「困った時はお互いさま」や「ふれあい・たすけあい」を社会に広めることを「ミッション」にしていた。しかしそれは「ミッション」なのだろうか。大きな違いがそこにはあるのかもしれない。

（14）これに関しても、小竹雅子（二〇一八）や安立（二〇一八）等を参照されたい。
（15）The Nonprofit Sector: A Research Handbook, Second Edition（2006）を参照
（16）そもそもドラッカーの『経営論』（ハーバード・ビジネス・レビューの編集による論文集）も、内容的には理論やモデルの構築ではなく、「経営者の使命」「大企業の使命」といった経営に関する心構えや精神を説くものが中心で、「経済人を超えて」「経営者の真の仕事」とは何かを、トップ経営者に向かって呼びかけるものであった。経済や経済学ではなく、経営者の「ミッション」意識を高めることがドラッカー「経営論」の中心課題でもあるようだ。
（17）もちろん例外は多数あるだろう。しかし少なくとも正統型のNPOには「ミッション」性が濃厚だ
（18）公益法人改革や社会福祉法人改革の中で議論された「イコールフッティング論」などがその圧力となった。
（19）出口正之は、公益法人改革などを推進した論理が、企業経営や企業会計の論理と同型であることに批判的な警鐘を鳴らしている。（出口　二〇一五）などを参照。
（20）Kramer（1981）
（21）Gilbert（1985）
（22）さらに言えば福祉供給の場面において「政府以上の政府」と「NPO以上のNPO」を作り出すことになるのではないか。あくまで理論的な可能性の次元において、なのだが。
（23）サラモン（二〇一四→邦訳　二〇一六）
（24）見田宗介最晩年の文章で『社会学入門―人間と社会の未来』（二〇一七）の改訂版の末尾におかれた文章である。（二〇二〇年、『ノンプロフィット・レビュー』日本NPO学会 19: 3-12.）

Ⅲ　福祉社会学の課題

福祉と社会福祉と社会学という三つの領域の交点のようなところに存在する福祉社会学には、様々な論点と課題がある。ここでは私の考える福祉社会学の論点や課題を、今後の課題あるいは構想として記しておきたい。

1 社会福祉概念の脱構築と再構築

遠くない将来に、「社会福祉」や「福祉国家」という概念の脱構築と再構築が起こる可能性は小さくないだろう。「福祉」は「社会福祉」よりも大きい概念だが、「社会福祉」は現実に存在する「福祉国家」の制度と切り離せない。「福祉国家」や「社会福祉」という概念や制度は、これまでも時代とともに変わってきたし、これからも変わっていくだろう。

岡村重夫は、社会福祉を「制度的福祉」と「自発的福祉」に分けて考えている。現在の「社会福祉」は、この両者の複合である。制度的福祉は時代とともに大きく変わっていくだろう。介護保険制度はその大きな転換点を画する。社会保険や社会保障と社会福祉との関係はこれからどうなっていくだろうか。それを考える上で参考になるのがエスピン＝アンデルセンが『福祉資本主義の三つの世界』（一九九〇）でもちいた手法だ。

エスピン＝アンデルセンは、「福祉国家」が大きく変わっていく時代に、「福祉国家」の新しい分類方法を案出した。定義から始めるのでなく、実態やデータから導いていく方法――いわば多変量解析のひとつ因子分析の手法を応用するようにして分析し、それまでの固定的な分類を再編成したのである。いわば「ビッグデータ」の時代に合致したような帰納法的アプローチだ。定義や前提と制度から発想すると演繹法になる。それでは「福祉国家」の社会福祉制度の内側のことは考察できるが、大枠が変わると時代おくれになってしまう。

現代のインターネット情報社会は、定義や前提ぬきにビッグデータの中にひそんでいるニーズやディマンドから人びとの消費行動を予測していく方向へ向かっている。アマゾンやグーグルといったＩＴ企業がとっているのはまさにこの方法だ。この方法には新たな可能性がある。しかしそのまま社会福祉に応用するのは危険だろう。じっさいエスピン＝アンデルセンも、社会福祉ニーズのデータからではなく、「福祉国家」の統計的データから分析している。結果として、福祉資本主義における国家の（新たな軸による）分類という結果が導かれている。そもそも福祉ニーズをどうデータとしてとらえるかには大きな困難があるのだ。すでに行われている「エビデンスにもとづいた福祉や医療」、「科学的介護」などの考え方は、疾病の症状やそれをケアするのに必要な労働時間や医療技術というデータ化しやすい方向へと水路づけられていく。そうなると「ケア」や「社会福祉」も医療モデルへと逆戻りすることにならないだろうか。福祉という言葉じたいが蜃気楼のように逃げ去っていかないか。「ビッグデータ」こそが現実だとする発想から将来の「福祉国家」はどういう方向へ向かうのか。そこでの「社会福祉」はどんなものになるのか。

これは問い方が難しい課題になる。前著『福祉の起原』では、二〇世紀の「福祉国家」が、第二次大戦という戦争起原でもあることを紹介した。いま新たな戦争が各地で始まっている。これからの「福祉国家」はどう定義されるだろうか。「福祉国家」や「社会福祉」の定義は、いちど脱構築され、そのあと再構築されるだろうか。いちど脱構築されると溶解してしまうかもしれない。再構築される保証はないのだ。福祉社会学の課題は、ここにも存在するのではないか。

2 「介護の社会化」のもたらす逆説

『超高齢社会の乗り越え方』という著作以来、「乗り越える」ためには大胆な発想の転換が必要なことを論じてきた。しかし超高齢社会や老いを、「問題だ」として「乗り越える」とか「解決する」という発想そのものが危うい。問題の「発見」は、その解決を要請する。しかしそうかんたんに解は見つからないし、解決すべき課題なのかどうかも疑問だ。少子化や人口減少も同じ構造をしている。そもそも社会のあり方や人間の生き方に正解などありえないだろう。しかし社会制度には財源や人員が必要であることもたしかで、そうした現実の困難に直面すると、典型的にはエイジズム（年齢差別）という潜在的な高齢者嫌悪や敵意がうまれる。そこから世代間の分断が生み出され、やがては差別やトリアージュ（命の選別）[1]にもつながりかねない。すでにその徴候はあらわれているのではないか。

「介護の社会化」という理念は、いつのまにか「社会化」という言葉に「ねじれ」が生じ「外部化」や「市場化」へと変形している——そう介護施設「宅老所よりあい」の村瀬孝生は反論している。認知症に過度に敏感になり、すぐに医療や施設へと走り出しそうになるまで一般化された認知症への不安は、「介護の社会化」と表面上は似ているが、いつのまにか違った方向へ水路づけられていると警告しているのだ。社会化は専門機関への全面委任や外部委託と同じではないはずだ。しかし単純化された「介護の社会化」理解は、認知症への不安や恐怖とあいまって、外部委託と市場化によって解決する発想になりやすい。それも近代社会の合理的な分業システムのひとつの姿ではある。しかし、一方行へとひたすら外部化していくだけでは限界がくる。社会化が外部化だけだと、外部化そのものが行き詰まる。しかし村瀬の問いは、前近代の家族介護に戻れというようなことではない。逆である。むしろ近代化によって解凍されてきた問題にしっかりと向き合う必要をいっている。しかし問題は複雑で、いちど外部化すると、家族が担っていた行動の意味が変質してしまう。「介護の社会化」に含まれていた二つのベクトル（外部化と共同化）を分離しながら再考する必要があるだろう。

3 「社会福祉」の見えない壁

「社会福祉」のこれからを考えるうえで参考にしたいＴＶ番組がある。社会福祉と芸術活動との境界線上に「アール・ブリュット」と呼ばれる芸術領域があるが、ＮＨＫの番組「no art, no life」はそうした人たちの活動を紹介する番組だ。[2] この番組は福祉番組とは銘打っていない。しかし様々な障がいをもつ人たちが、独特の芸術活動で才能を開花させていることを伝える。様々なことを考えさせるが、あるとき、これは社会福祉のもつ見えない天井を「アート」で突き破ろうとする人たちのドラマなのではないかと思えてきた。絵画や造形で創造の世界に没入している人たちは、生存のレベルを超えていくエネルギーを自分の内側から引き出そうとしているのではないか。生存の土台のうえに「ライフ（生きる）」があるとすると、アートは社会福祉という天井を突き抜けてライフを再獲得していくための、ひとつの可能な経路のように見えるのだ。どういうことか。

今日の「福祉国家」の源とされているのは、英国のベヴァリッジ報告書（Beveridge Report）と、そこから生まれてきた第二次世界大戦後の英国の社会保障制度だろう。この報告書は正式には「社会保険と関連サービス」（Social Insurance and Allied Services）であって「社会福祉」（Social Welfare）とは言っていない。ベヴァリッジの目指したものは、国家による社会保険制度を整備することだった。それが不可能な場合に公的扶助（Public Assistance）でカバーする。つまりあくまでも最低限度（ナショナル・ミニマム）の保証なのである。

「社会福祉」という制度には「最低限の保証」という「見えない天井」が存在するのだ。最低限は保証するが、それ以上をのぞむと、そこには壁や天井がある。天井に近づくと、それ以下に抑えようとする社会の側からの圧力が働く。福祉社会学者・副田義也が論じたのはそのような「社会福祉の内側から生まれる攻撃性」（あるいは社会の側からの社会福祉対象者への潜在的な抑圧性）のようなものではないだろうか[4]。

この場合の「攻撃性」は動物行動学者コンラート・ローレンツのいう「攻撃――いわゆる悪」という概念のほうが近いかもしれない[5]。ローレンツは、動物たちの攻撃行動を観察し、それが「悪」から生まれるものではなく、「なわばり」や「棲み分け」を生み出すための、つまり集団の生存にとっては結果的に有効な行動であることを発見した。攻撃は悪にみえるが悪ではなかったというのだ。「社会福祉は良いことだが、行き過ぎは良くない」といった社会福祉観は、みずからは意識していないかもしれないが、制度を維持するための社会の側からの無意識的な攻撃性として理解できるかもしれない。

そうだとすると、「社会福祉」には上限と下限があることになる。上には天井があり、リミッターがかかっているとも考えられる。とりわけ「生活保護」のような制度にはスティグマを付与して「これ以上を求めるな」というバリアのようなものが存在するのではないか。副田はその問題を福祉社会学の方法で指摘したのではないか。

そう考えると「アール・ブリュット」は、社会福祉の見えない天井を、創造行為（結果的にそれは芸術に見える）によって突破して「生」（brut）を再獲得しようとするドラマ――そう見えてくるのだ。

福祉社会学とは何だろうか、という問いへのヒントがここにあるだろう。考えてみると、福祉社会学の根本問題は、福祉社会はどう生まれるのか、だけではない。福祉からさらに福祉を発展させる力が生まれてくるだろうか、という疑問と懐疑がある。福祉には天井があり、制度の枠内に制約する力が働くのではないか。そうだとすると福祉社会学の役割や課題は、善から善が生まれる仕組みの解明とは違うのだ。善から悪が生まれるメカニズムの解明や、悪から善が生まれるメカニズムを解明するところにあるのではないか。

4　社会福祉の中から生まれる逆機能

社会福祉学や福祉社会学の今後の課題を考えるうえで、「現状の」制度や実態や変容をふまえて考えることも重要だが、他方で「現実」から距離をとって理論的に考察することも大切だ。

たとえば日本に輸入された「ＮＰＯ」や「ソーシャルキャピタル」という概念は、「社会福祉」

や「ボランティア」という概念に似てくる。翻訳語からしだいに日本語化した言葉は、規範的な意味を帯びてくるのだ。日本でないどこかの世界に、その語の正しい姿があって、その理想と現実とを対比して、現状を分析していくような規範的な作用が、意識しないうちに生まれがちなのだ。だからソーシャルキャピタルや社会福祉を善意の社会関係資本と考えるだけでは不十分ではないか。

社会福祉への懐疑や不安から反福祉が生まれる可能性がある。社会福祉に反対する「ソーシャルキャピタルの悪意」は起こりうる。副田義也は生活保護行政の中から反福祉が生じる（生じうる）ことにたびたび論及している。『福祉社会学の挑戦』（二〇一三）でも彼の前著と同じく「生活保護における逆福祉システムの形成」から論じはじめている。「貧困問題と福祉の機能」と題しながら、生活保護行政の最前線でどのように「逆機能」が生まれてくるのか、そのメカニズムを解明しようとする。生活保護行政は人びとを保護するとともに、意図に関わらず対象者へ負のスティグマを付与する。行政のケースワーカーと対象者の間に磁石の同極どうしのように、互いが離れあうような現象をおこす。福祉から逆福祉が生まれてくる。このようなメカニズムから逆機能システムが生まれる（生まれることがある）。副田義也の福祉社会学のメインテーマのひとつは、福祉の中から逆福祉が生まれてくるこのパラドクスについて考え抜くところにあった。それが社会福祉学でない福祉社会学だ、と考えていたのではないか。だとすれば「社会福祉とNPO」や「NPOとボランティア」、「NPOとソーシャルキャピタル」といったテーマも、善意と善意の順接関係として考察するだけでは足りない。それは逆向きの接続（逆接）にもなりうるからだ。

5 「では、どうしたらいいのだ」

宮崎駿の「君たちはどう生きるか」をどう見るか

ジブリの宮崎駿監督の最新作「君たちはどう生きるか」が二〇二三年夏、公開された。話題沸騰しているが難解だとも言われる。この映画を見ながら私は福祉社会学という観点から見るとじつに興味深い問題提起として受け取ることができると思った。[6] さらにその先を考えてみたい。

この映画は第二次大戦末期の日本を舞台にしている。空襲で母を失った主人公・眞人が東京から疎開した先で、父親の後妻となる母の妹と対面する。疎開先の建物には異界への入り口が開いており、死者と生者とがそこで交流できる——アオサギという不思議な媒介者に誘われてそこに入っていく。オルフェウス神話のように、大切な死者（ふたりの母親）に会いに行く冒険譚の構造をしているのだ。冥界へくだると、そこでも善と悪のせめぎ合いが起こっている。善悪のバランスがいまにも崩れそうな状況の中、世界の微妙なバランスを調整しているのが眞人の大伯父だ。

（この大伯父は、まるで国連の事務総長のような「世界平和」の調停役として描かれている。彼は「社会福祉」以上の「世界福祉」の調整役を担っているかのようだ）。その年老いた大伯父が眞人に、世界平和のバランス調整役を受け継ぐように求める——だが予想に反して眞人はその役割を断るのだ。すると世界が崩壊して……と物語は動いていくのだが、ここで問題にしたいのはそのことではない。

まず映画の主人公の「眞人」という名前が象徴的である。真実の人、誠の人、善意の人であり正義の人、いろいろな意味を含んだ名前だ。すべてがプラスの意味を示している。過剰な正しさに満ちた名前なのだ。これは逆説的に意図された命名だろう。この眞人という名前を「福祉」や「社会福祉」という概念に置き換えて考えてみるとどうなるか。

この映画は、見方によっては、年老いた大伯父（まるで現在の国連のメタファーだ）のコントロールする世界平和の危機が描かれている。しかしそれだけではない。福祉国家の揺らぎや、グローバル資本主義の広がりで、国民国家という枠組みの中の社会福祉や社会保障なども危機に瀕している状況を連想させるのだ。いま世界はコロナ禍という地球規模の危機を経験しただけではない。ウクライナに続いてパレスチナの地でも戦争が始まり、解決の糸口すら見えない混乱の時代の中にいる。人びとの安全と福祉が根元から脅かされている。

そう見るとき、この映画の考えるべきポイントは、主人公の眞人が、じつはその内側に「悪意」を秘めた存在として描かれているところにあると思われるのだ。名前からすると一見、善意の極地であるかに見える眞人が、じつは悪意をもった存在として造形されているところに深い問題提起を感じる。眞人の中に潜在する悪意。それは悪そのものとは違う。本当の悪はそれを行動として外化させたときに生じる。この映画で、眞人が悪人になることはない。むしろ悪になる手前で踏みとどまっている。踏みこえて問題を「解決」しようというつよい誘惑の前で踏みとどまること――今の時代、戦うより踏みとどまることのほうが難しいのではないか。戦うことでなく、「戦うことと戦う」――この困難に立ち向かう逆説的な問題提起の物語のように見えてくるのだ。

正しい人、自分が正しいと思いこむ人こそ、悪人になるかもしれない。あるいは正しいと信じて、世界にたいして悪をなしていくかもしれない。戦争の時代にはそういうことが起こりうる。この映画をそうした逆説的な寓話として観ることが可能ではないか。悪意は、悪とは異なるが、その境界面は、淡水と海水がまじりあう境界面のように微妙にゆらいでいる。その境界面は見えにくい。ゆらぎながらなかなか混じり合わないのが汽水域なのだ。

この映画では、見えない悪意という主題が、結果的に善意以上に世界を救うかもしれないという驚くべき展開となる。この映画が逆説的で難解だと言われるゆえんである。しかしこれが映画のもっとも中心的なメッセージではないだろうか。善だけが世界を救うのではなく、むしろ悪意が――いや、正確にいうと「世界平和」というような硬直した考え方では解決できない問題へのもうひとつの可能性が暗示されるのだ。それは「千と千尋の神隠し」のラストシーンと二重写しに見えてくる。あの映画もラストシーンは湯屋の独裁者と戦って打ち破る――のではない、謎めいた不思議な終わり方をしていた。現在のような戦争のある世界で示される選択肢の中には、千尋が見つけたような選択肢はない。戦って勝利するしかないと誰もが思い込んでいる。選択肢の中には「正解がない」――そう断言して千尋は選択肢の外にある「解」をみつけた。今回は「悪意」をうちにもった眞人が、千尋とは逆の方向から同じような行動をとる（大伯父の申し出を断る）。ここでは「悪意」が、善意を鍛え直し、硬直した善意の世界のもっと先まで私たちをつれていく推進力として描かれている。そうだとすると、この眞人の悪意は、ある意味で、本当の悪を回避するための方法ではないだろうか。それは今の世界とは違ったもう一つの世界へ、私たちを解き放つ方法なのではないだろうか。

鶴見俊輔――「悪人」という意識を持つこと

悪ではない悪意をもった人間――ここから連想できるもうひとりの実在した人物として鶴見俊輔を考えることができる。少年時代の自分を「悪人」として見つめつづけた人物だ。彼は、あまりにも厳格すぎる正義の人だった母親の存在のもとに育った。ひたすらに正しい生き方を求められた少年鶴見俊輔は、母親に対する愛憎から逆に不良少年になったという。正しい人による正しさが過剰な道徳的圧力と抑圧をもたらしたために、逆に「悪人」になるほか自分の生きのびる道がなかったという。ちょっとした悪事を見つけられると、「お前を殺して私も死にます」とまで言うような過剰に正しい母親だったのだ。彼自身、なんども自殺を考えたというし、大人になってからも何度もうつ病におそわれた。そこまで追いつめられたのだ。後年、鶴見俊輔は座談や対談の名手としても名をはせたが、その対談集をつくるとき、編集者に「なかに白塗りのモノがあると思うが、ぜんぶ捨てて下さい」と語ったという[7]。白塗りというのは、偽善とまでは言わないが、正しいことばかりを言う化粧した人の意味だろう。正しいことから、さらに正しいことは出てくるだろうか。正しすぎる正しさの抑圧と息苦しさから、不良となり悪者であることを自分の生きることの存在核としてきた人なのだ。彼は正しい人だったがゆえに正しいことを成したのではない。自分の中の「悪人」性を生涯にわたって意識しつづけた人だったのだ。それゆえに正しいこともなしえたのではないか。ここにも「眞人」がいる。

加藤典洋と『敗者の想像力』

もうひとりの実例を考えたい。その人、加藤典洋に『世界をわからないものに育てること』(二〇一六)と『敗者の想像力』(二〇一七)という著作がある[8]。敗戦を終戦と言い換えるような詐術で誤魔化していると戦後はいつまでも終わらない、敗戦をそのもっとも深い意味で受容しなければ戦後は終わらない、と考え続けてきた人だ。ある文章を新聞に発表したときにゲラ段階で「敗者の想像力」は「敗者への想像力」ではないかという校正が入ったという。いったんはそれを受け入れたが、本にするときに、いやそうではない、敗者への想像力ではなく、敗者にこそ本当の想像力がやどるのだと気づき直したという。そこから、悪から善をつくるべきだという発想がうまれる。善から善をつくろうとすると偽善がうまれやすい。私たちは悪をもつ存在であることをみとめ、そこから発想していくしかこの世界に対する方法はないのだ、という考えにいたる。こうして映画監督アンドレイ・タルコフスキーの『ストーカー』という不思議で謎めいた作品の原作者ストルガツキー兄弟のかかげるエピグラフにたどりつく。「きみは悪から善をつくるべきだ、それしか方法がないのだから」。これも示唆的な話ではないだろうか。加藤典洋は、無意識のうちに正しい立場に立とうとする人たちの腰高な姿勢に、懐疑と批判のまなざしをもって対してきた人だった。善からさらに善が生まれるだろうか。その善の行く先はどこになるのか。そうではなくて、私たちの中にある「自己中の私」をスタートラインに置くべきではないか。自分の中の悪や悪意を認め、その悪から善をどうつくるか。それこそ本当の「問い」や「方法」になるのではないか、そう彼は問いつづけてきた。ここにも眞人を感じる。

副田義也の『福祉社会学宣言』

これらの論は、福祉や社会福祉や福祉社会を考えるうえで、これまでの私たちに何か欠けるものがあることを気づかせる。副田義也は『福祉社会学宣言』(二〇〇八)の冒頭に「ケースワーカーの生態」という論考を掲げている[9]。一九九二年の「福祉川柳」事件を紹介しながら、生活保護行政の最前線にいるケースワーカーたちの中に、時として潜在的あるいは顕在的に、福祉の対象者への根深い悪意が噴出する事例を示す。ケースワーカーたちの自己諧謔的な川柳の分析じたいも興味深いのだが、奇妙なのはこれが「福祉社会学宣言」の冒頭におかれているということだ。

この書には、ほかにも「権利主体としての「老年」の形成[10]」、「だれのための老人福祉か」「老人福祉は利用者の家族をどう扱っているか[11]」、「なぜ住民運動は老人福祉を阻害したのか」など、ほとんどすべて社会福祉の実態への攻撃的な宣戦布告ともいえるような論調なのである。これをたんに社会福祉学への福祉社会学からの批判や挑発とみるべきだろうか。そうとは思えない。

地域福祉論の創始者ともいえる岡村重夫は、社会福祉を「制度的福祉」と「自発的福祉」との複合だとのべている。どちらか一方だけでは社会福祉は失速する。副田の論じるケースワーカーは、行政の役割として制度的福祉の「生活保護」業務にあたっており、まさに最前線にたつ人たちである。自発的福祉にはない権限や権力があり「ケース」と深く関わりあう。業務としての福祉には、それゆえ逃げ場はない。ここで対象者への懐疑や批判がうまれ、それが屈曲すると「悪意」が生じるのであろう。また職務をめぐって上司と対象者との間にはさまれてのっぴきならない状況に追い込まれることもあるだろう。もちろん行政官がすべて攻撃性や悪意をもつわけではないだろう。しかし行政の立場にたつかぎり、こうした構造的な善意と悪意は重なりあう。ここに社会福祉と福祉社会との境界面が、淡水と海水との接触面のように、ゆらぎながら出現しているのではないだろうか。

社会福祉学者からも、この問題へのフォローがあることに副田はもちろん言及している。しかしそれにもかかわらず、社会福祉の内側からの問題の整理と対応では論じきれない点を副田は指摘している。それは福祉の内側にやどる（あるいは内側からにじみ出ることのある）「悪意」や「攻撃性」の問題だ。社会福祉学では見えにくいこの問題を、福祉社会学は真正面から取り上げる、そう副田は語っている。社会福祉学と福祉社会学にとって、これはマイナーな論点だろうか。

一見したところ、副田の論点は、ごく少数のレアケースに焦点をあてた制度的社会福祉の批判にも見える。しかしおそらくそうではない。二次元平面上の対立を、もう一段うえの三次元から見ようとしたのではないか。善からさらに善をつくれるだろうか。むしろ善のなかにある（ありうる）悪意をみとめ、それをどう善へと媒介していくか。そこに社会福祉学も福祉社会学もともに取り組むべき課題がある、そう言いたかったのではないか。

むすびにかえて――「ではどうしたらいいのだ」

「では、どうしたらいいのだ」という問いへの私なりの応答を考えてきた。応答とはいえない応答かもしれない。しかしこれ以上を言おうとすると、どこか白塗りの仮面がでてきてしまいそうだ。ここでは精神医学者・中井久夫の治療文化論からの示唆的なひとことを引用するにとどめたい。中井は、分裂病圏にいた哲学者ヴィトゲンシュタインの病跡について紹介したあとで、彼が自身について明確な「病識」をもっていたことを重視している。これが彼の決定的な発病をおさえ、生涯にわたって自分を持ちこたえさせたのではないかと推測している。

「彼（ヴィトゲンシュタイン）はたえず発狂の恐怖を抱いていた。彼が生涯分裂病発病の瀬戸際にあったのは事実であろう。しかし彼はついに持ちこたえた。その理由の一つは、彼が自分の危うさについてはっきりした認識をもっていたことであろう。」「人間のおかれている状況を鋭い直感的比喩で捉える能力があり、それを自己認識にも適用していた。」（飯田・中井 1971→2001：164 原著の表現のママ）

私たちや私たちの社会は、このような自己省察的な「病識」を持つことが可能だろうか。ここには福祉社会学の課題に通じる何かがある、と思うのだ。

（1）戦場における兵士の救命順序（治療すれば前線へ戻せる兵士から救命する）、戦争での必要性に発する選別原理だという。考えてみれば恐ろしい起原をもつ命の選別原理である。この問題は『21世紀の《想像の共同体》（二〇一二）という著作で映画「アラビアのロレンス」（一九六二）に触発されて考察している。

（2）「アール・ブリュット（art brut）」はフランス語で「生の芸術」を意味する。英語では「アウトサイダー・アート（outsider art）」や「エイブル・アート（able art）」と言われることもある。

（3）通常は下に落ちるのを防ぐセーフティーネットと言われているが、ここでは逆の発想方向で考えてみたい。

（4）副田義也は『福祉社会学宣言』でも『福祉社会学の挑戦』でも、その冒頭から福祉の内側から出てくるこのような攻撃性について意識的に論じている。
（5）コンラート・ローレンツ『攻撃―悪の自然誌』（原著は一九六三）は、それまで魚類や動物の「攻撃本能」と見られていた行動には、縄張りや棲み分けを生み、客観的には種の保存に役立つという効果があること、それゆえ攻撃を「いわゆる悪」としてとらえる見方を示した。今日の動物行動学からは「種の保存」という分析には疑問符がつけられているが、その社会学的な含意は大きいと思われる。
（6）西日本新聞・朝刊文化欄に掲載された拙稿「戦争の時代に宮崎アニメを読む」（二〇二三年一〇月二四日）
（7）津野海太郎『かれが最後に書いた本』（二〇二二）、『鶴見俊輔座談』（一九九六）や黒川創『鶴見俊輔伝』（二〇一八）などを参照。ちなみに津野海太郎によると鶴見俊輔はこう語ったという。「じぶんはべ平連をはじめとする運動のなかで、しばしばその責任者か、それに近い役割を引き受けることになった。そうなると立場上、いつも正しいことを口にしなくてはならない。でもね、私は「正義の人」じゃないんだよ。話していると自分が白く顔を塗った人間になったような気がしてきて、そのうち重い鬱病になった。ああいうモノは削除してください」（津野海太郎　2022：47）
（8）加藤典洋『世界をわからないものに育てること』（二〇一六）、『敗者の想像力』（二〇一七）
（9）副田義也『福祉社会学宣言』（二〇〇八）
（10）恩給制度が官僚の老後の権利として形成されてきたこと、それが戦後の国民皆年金体制へとつながったという見解を示す。
（11）老人ホームの実態を調査して、それが老人のためのものでなく、家族や社会のために水準を低く抑制されていることを論じている。

福祉への問い、福祉からの問い——あとがきにかえて

福祉番組なのか芸術番組なのか、毎週わずか五分間だけ放映されている「no art, no life」というTV番組がある。「人知れず表現し続ける者たち」というアール・ブリュットを紹介する番組からのスピンアウトのようにして生まれたらしい。見るたびに考えてしまう。この不思議な力はいったいどこから来ているのか。登場する人たちが障がいをもつ人だからでも芸術家だからでもない。ひとりの生き生きと生きている存在だからだろう。この人たちの作品世界は、それを見る私たちを哀れんでいるようにも見えるし、ときに激しい敵意をもって攻撃してくるようでもある。私たちへの強烈な「問いかけ」に満ちているのだ。それが私たちを揺さぶる。私たちの側にも同様な否定や攻撃の感情があることに気づかされる。福祉と社会の間にある見えない壁や塀の上を歩いているような気持ちになる。ここから考えていかねばと思う。

社会福祉や福祉社会について論じるのは難しい。いつのまにか軌道がそれて、自分本来の道から離れていってしまうのを感じることがしばしばだ。おそらく私ではなく言葉のほうが主役になって考えてしまうからだろう。この圧力に抗して考えなおし、書くことは容易ではなかった。自

分にとっての軸と、社会にとっての軸とが、二つの中心をもつ楕円のような形をしているからだと思う。客観的すぎても白塗りの仮面のようだし、個人的すぎると論にならない。

これは「君たちはどう生きるか」という問いにも似ていると思う。「君はどう生きるか」なら何とか答えられる。答えない、考えないという答え方もあるかもしれない。ところが「君たちは」と呼びかけられると逃げ場がない。「私」ではない「私たち」として答えることになって、いきなり難しくなるのだ。この問いに「正解はない」と答えるだけでは不十分だし、かといって「これが正解だ」という説はあやしい。福祉社会学の立場はこの狭間で揺れ動く。見ては考え、考えては修正し、書きながら途方にくれる。そしてその先を探しにでかける——螺旋運動のようにしてきた三〇数年の、ひとくぎりとしてこれらの文章を送り出したい。

＊

書きながらあらためて思う。本の世界は、「福祉」に似ているのではないか。そこには世間の一般常識とは違ったもうひとつの価値基準がある。生きている人たちだけでなく、亡くなった人たちも、ありありとそこにいる。もうひとつの世界の可能性が開かれている。そのうえ営利も非営利も超越している……もちろん現実にはこんな理想世界ではないかもしれない。しかしそういう理想を掲げ、守ろうとする人たちがたしかにいる。福岡の介護施設「宅老所よりあい」の方々や、福岡県老人福祉施設協議会の人たちには福祉や介護の現場の様々なことを教えられた。いちいち名前はあげないが社会学や社会福祉学の先達、ＮＰＯ研究の最前線にいる人たちからも多くの教えをいただいた。認定NPO法人・市民福祉団体全国協議会や全国の介護系NPOの方々からは大きな励ましと勇気をもらった。さらに自分の父母が遠くはなれた群馬の老人ホームで長く暮らし、そこで亡くなったということは、遠くにあるように思っていた課題が、一挙に自分の問題としてやってきた、そういう実感だった。こうした福祉空間に住まう人たちや働く人たちからは「もうひとつのこの世」（渡辺京二）の存在を教えられたように思う。こうした実感を手放さないようにしたい。そのために考え、そのために書き、そのために小さな本をつくりたいと思った。

これからは活字の世界だけでなく、耳を傾けてくださる方々と、ともに考えたい、ともに語りあいたいと願う。そのために「超高齢社会研究所」という小さな研究拠点を作った。誰もが考えそうな悲観的な未来予測と後ろ向きの対策論——そんな議論にはしたくない。そんな見方に対抗したい。後ろ向きの「答え」を出すのではなく、前向きの「問いかけ」で新しい視界を作りたい。そう思っている。

本書も、紆余曲折、様々な困難に直面しながら書き進めてきた。弦書房の小野静男さんには、今回も激励されながら、なんとかここまで辿りつくことができた。お世話になった多くのみなさんに、この本を捧げたい。

波瀾万丈ではじまった二〇二四年の正月に

安立清史

――――, 2004,『近代日本語の思想――翻訳文体成立事情』法政大学出版局.
矢澤修次郎, 2003,「社会運動と社会学」『講座社会学 15 社会運動』東京大学出版会, 57-102.

Sandel, M. J. , 2012, *What Money Can't Buy-The Moral Limits of Markets.*（サンデル , 鬼澤忍訳, 2014,『それをお金で買いますか――市場主義の限界』早川書房.）
関川芳孝編, 2019,『社会福祉法人制度改革の展望と課題』大阪公立大学共同出版会.
――――, 2021,『社会福祉法人はどこへ向かうのか』大阪公立大学共同出版会.
副田義也, 2003a,『あしなが運動と玉井義臣――歴史社会学的考察』岩波書店.
――――, 2003b,『福祉社会学宣言』岩波書店.
――――, 2013,『福祉社会学の挑戦―貧困・介護・癒しから考える』岩波書店.
市民福祉団体全国協議会編, 2021,『介護予防・日常生活支援総合事業におけるボランティアの参画に関する調査研究事業　報告書』市民福祉団体全国協議会.
武川正吾, 2012,『福祉社会学の想像力』弘文堂.
田中尚輝・安立清史, 2000,『高齢者 NPO が社会を変える』岩波書店.
田中尚輝・浅川澄一・安立清史, 2003『介護系 NPO の最前線――全国トップ 16 の実像』ミネルヴァ書房.
タタラ・ヨシオ（菅沼隆・古川孝順訳), 1997,『占領期の福祉改革――福祉行政の再編成と福祉専門職の誕生』筒井書房.
津野海太郎 , 2022,『かれが最後に書いた本』新潮社.
鶴見俊輔 , 1996,『鶴見俊輔座談（全 10 巻）』晶文社.
上野千鶴子・樋口恵子編, 2020,『介護保険が危ない！』岩波書店.
Wallace, S. P. and J. B. Williamson, eds., 1992, *The Senior Movement*, New York: G.K. Hall and Co.
Williamson, J. B. and R. L. Beard, 2006, *Securing Old Age: The Role of the American Senior Rights Movement*,"
山岡義典, 1999,『時代が動くとき――社会の変革と NPO の可能性』ぎょうせい.
柳父章, 1976,『翻訳とはなにか――日本語と翻訳文化』法政大学出版局.
――――, 1977,『翻訳の思想――自然と nature』平凡社.
――――, 1978,『翻訳文化を考える』法政大学出版局.
――――, 1982,『翻訳語成立事情』岩波書店.

———, 1993, *Gray Agendas: Interest Groups and Public Pensions in Canada, Britain, and the United States*, Ann Arbor: University of Michigan Press.

Powell, L. A., J. B. Williamson, and K. Branco, 1996, *The Senior Rights Movement: Framing the Policy Debate in America*, New York: Twayne Publisher.

Powell, W. W. ed., 1987, *The Nonprofit Sector ; A Research Handbook*, New Heaven: Yale University Press.

Powell, W. and Steinberg, R., 2006, *The Nonprofit Sector: A Research Handbook, Second Editio*n, Yale University Press.

Putnum, R.D. and Campbell D.E., 2010, *American Grace*.（パットナム・キャンベル，柴内康文訳，2019，『アメリカの恩寵』柏書房．）

Salamon, L. M, 1992, *America's Nonprofit Sector: A Primer*, Foundation Center.（サラモン，入山映訳，1994，『米国の「非営利セクター」入門』ダイヤモンド社．）

———, 1995, *Partners in Public Service ; Government—Nonprofit Relations in the Modern Welfare State*, Baltimore: Johns Hopkins University Press.（サラモン，江上他訳，2007，『NPO と公共サービス政府と民間のパートナーシップ』ミネルヴァ書房．）

———, 1999, *America's Nonprofit Sector: A Primer*, 2nd ed, New York: The Foundation Center.

———, 2014, *New Frontiers of Philanthropy: A Guide to the New Tools and New Actors That Are Reshaping Global Philanthropy and Social Investing*.（サラモン，小林立明訳，2016，『フィランソロピーのニューフロンティア――社会的インパクト投資の新たな手法と課題』ミネルヴァ書房．）

———, 2015, *The Resilient Sector Revisited: The New Challenge to Nonprofit America*, Brookings Institution Press.

Salamon (et al.), 1999, *Global Civil Society: Dimensions of the Nonprofit Sector*, Johns Hopkins University Press.

Salamon, L. M. and H. K. Anheier, eds., 1997, *Defining the Nonprofit Sector: A Cross-national Analysis*, Manchester: Manchester University Press.

――――，1981，『時間の比較社会学』岩波書店.
――――，1993，『自我の起源――愛とエゴイズムの動物社会学』岩波書店.
真木悠介・大澤真幸，2014，『『現代社会の存立構造』を読む』朝日出版社.
見田宗介，1996，『現代社会の理論――情報化・消費化社会の現在と未来』岩波書店.
――――，2006→2016，『社会学入門――人間と社会の未来』岩波書店.
――――，2018，『現代社会はどこへ向かうか――高原の見晴らしを切り開くこと』岩波書店.
宮垣元，2020，『その後のボランティア元年――NPO・25年の検証』晃洋書房.
村瀬孝生，2001，『おしっこの放物線――老いと折り合う居場所づくり』雲母書房.
――――，2006，『ぼけてもいいよ――「第2宅老所よりあい」から』西日本新聞社.
――――，2010，『あきらめる勇気――老いと死に沿う介護』Bricolage.
――――，2011，『看取りケアの作法――宅老所よりあいの仕事』雲母書房.
――――，2022，『シンクロと自由』医学書院.
村瀬孝生・東田勉，2016，『認知症をつくっているのは誰なのか』SBクリエイティブ.
中井久夫，1990，『治療文化論――精神医学的再構築の試み』岩波書店.
中西正司・上野千鶴子，2003，『当事者主権』岩波書店.
仁平典宏，2011，『「ボランティア」の誕生と終焉―〈贈与のパラドックス〉の知識社会学』名古屋大学出版会.
小竹雅子，2018，『総介護社会――介護保険から問い直す』岩波書店.
岡村重夫，1974，『地域福祉論』光生館.
――――，1983，『社会福祉原論』全国社会福祉協議会.
大熊由紀子，2010，『物語介護保険（上）（下）』岩波書店.
大森彌，2018，『老いを拓く社会システム――介護保険の歩みと自治行政』第一法規出版.
大阪ボランティア協会，2004，緊急特集「会員互助型・非営利有償サービスのゆくえ」，『Volo』，6月号
Pratt, H. J., 1976, *The Gray Lobby*, Chicago: University of Chicago Press.

早瀬昇 , 2018,『「参加の力」が創る共生社会――市民の共感・主体性をどう醸成するか』ミネルヴァ書房.
堀田力 , 2008,『挑戦！』東京新聞出版局.
飯田真・中井久夫，1971 → 2001，『天才の精神病理――科学的創造の秘密』岩波書店.
今田忠編，2006，『日本のNPO史――NPOの歴史を読む、現在・過去・未来』ぎょうせい.
石田雄，1983，『近代日本の政治文化と言語象徴』東京大学出版会.
――――, 1989,『日本の政治と言葉（上）「自由」と「福祉」』東京大学出版会.
介護保険制度史研究会編，2016，『介護保険制度史』社会保険研究所.
香取照幸，2017，『教養としての社会保障』東洋経済新報社.
加藤典洋，2016，『言葉の降る日』岩波書店.
――――，2017，『敗者の想像力』集英社.
加藤周一，2007，『日本文化における時間と空間』岩波書店.
Klein, N., 2007, *The Shock Doctrine: the Rise of Disaster Capitalism*（ナオミ・クライン，幾島幸子・村上由見子訳，2011，『ショック・ドクトリン――惨事便乗型資本主義の正体を暴く』岩波書店.）
Kramer, R. M. , 1981, *Voluntary Agencies in the Welfare State*, Berkeley: University of California Press.
――――, 1987, "Voluntary Agencies and the Personal Social Services," Powell W. W. ed., *The Nonprofit Sector: A Research Handbook*, New Heaven: Yale University Press, 240-57.
Kramer and L. M. Salamon eds., 1992, *Government and the Third Sector*, San Francisco: Jossey-Bass.
黒川創 , 2018,『鶴見俊輔伝』講談社.
Lorenz, K. Z., 1963, *Das sogenannte Böse*（コンラート・ローレンツ, 日高敏隆・久保和彦訳 , 1970,『攻撃――悪の自然誌』みすず書房 .
Morris, C. R., 1996, *The AARP*, New York: Random House.
増田寛也, 2014,『地方消滅――東京一極集中が招く人口急減』中央公論新社.
Mills, C. W., 1959, *Sociological Imagination*, Oxford University Press.（ライト・ミルズ著，鈴木広訳，1995，『社会学的想像力』紀伊国屋書店.）
真木悠介，1977，『現代社会の存立構造』筑摩書房.

Polity Press.（松尾精文・小幡正敏・叶堂隆三訳，1997，『再帰的近代化』而立書房.）

Crippen, D., R. Lana, J. L. Block, T. E. Zetkov and G. Eliott, 1968, *The Wisdom of Ethel Percy Andrus*, Long Beach: NRTA and AARP.

出口正之，2015，「公益法人制度の昭和改革と平成改革における組織転換の研究」非営利法人研究学会誌，17: 49-60.

DiMaggio P. J. and H. K. Anheier, 1990, "The Sociological Conceptualization of Nonprofit Organizations and Sectors," *Annual Review of Sociology*, 16: 137-59.

Drucker,P.F.,1990, *Managing Nonprofit Organization*,（ドラッカー，上田惇生訳，2007,『非営利組織の経営』ダイヤモンド社.）

Esping-Andersen, G., 1990, *The Three Worlds of Welfare Capitalism*, New Jersey: Princeton University Press.（エスピン＝アンデルセン，岡沢憲芙・宮本太郎訳，2001，『福祉資本主義の三つの世界――比較福祉国家の理論と動態』ミネルヴァ書房.）

深田耕一郎，2013，『福祉と贈与――全身性障害者・新田勲と介護者たち』生活書院.

藤村正之，2023,「副田義也――社会学的肖像画を描く職人の軌跡」奥村隆編『戦後日本の社会意識論』有斐閣，127-157.

古川孝順，1997,『社会福祉のパラダイム転換』有斐閣.

―――，2003,『社会福祉原論』誠信書房.

Giddens, A., 1985, *The Nation-State and Violence:* Polity Press.（ギデンズ，松尾精文・小幡正敏訳，1999，『国民　国家と暴力』而立書房.）

Gidron, B., and Kramer, R.M. (et al.), 1992, *Government and the Third Sector: Emerging Relationships in Welfare States*

Gilbert, N., 1985, *Capitalism and the Welfare State: Dilemmas of Social Benevolence*, Yale University Press

Hall, P, D, 2006, "A Historical Overview of Philanthropy, Voluntary Associations, and Nonprofit Organizations in the United States, 1600-2000", Powell, W. & Steinberg, R., 2006, *The Nonprofit Sector: A Research Handbook*, New Haven and London; Yale University Press,32-65.

――――, 2018,「「高齢社会」というペシミズム：日本の人口高齢化に取り憑いた呪文」『共生社会学』8:101-112.
――――, 2019a,「社会福祉法人改革のあと社会福祉法人はどこへ向かうか――P. ドラッカーの『非営利組織の経営』論からの示唆」関川芳孝編『社会福祉法人制度改革の展望と課題』大阪公立大学共同出版会, 159-174.
――――, 2019b,「日本の非営利セクターはどこに向かうか――レスター・サラモンの『第三者による政府」論からの示唆」関川芳孝編『社会福祉法人制度改革の展望と課題』大阪公立大学共同出版会, 175-192.
――――, 2019c,「『介護』の先の《介護》はどこにあるか」『共生社会学』9: 105-113.
――――, 2020a,「日本のNPO研究の20年――社会福祉とNPO」『ノンプロフィット・レビュー』19(1)(2): 2, 3-12.
――――, 2020b,『超高齢社会の乗り越え方――日本の介護福祉は成功か失敗か』弦書房.
――――, 2021a,「社会福祉法人制度改革――そのあとの改革、その先の改革」関川芳孝編, 135-151
――――, 2021b,『21世紀の《想像の共同体》――ボランティアの原理非営利の可能性』弦書房.
――――, 2022,『ボランティアと有償ボランティア』弦書房.
――――, 2023,『福祉の起原』弦書房.
安立清史・小川全夫編著, 2001,『 ニューエイジング――日米 の挑戦と課題 』九州大学出版会.
Anheier, H. K., 2005, *Nonprofit Organizations: Theory, Management and Policy*, Abingdon: Routledge.
――――, 2014, *Nonprofit Organizations: Theory, Management, Policy , 2nd Edition*, Routledge.
Arendt, H., 1958, *The Human Condition*, University of Chicago Press.（アーレント , 志水速雄訳, 1994,『人間の条件』筑摩書房. ）
Atta, D. V., 1998, *Trust Betrayed: Inside AARP*, Washington, D C: Regnery Publishing.
Beck, U., Giddens A., Lash, S.,1994, *Reflexive Modernization: Politics, Tradition and Aesthetics in the Modern Social Order*, Cambridge:

主要参考文献

安立清史，1998,『市民福祉の社会学—高齢化・福祉改革・NPO—』ハーベスト社．

————，1999,「福祉社会の行方」満田久義·青木康容編『社会学への誘い』朝日新聞社，79-89.

————，2002a,「NPO が開く公共性」佐々木毅・金泰昌編『公共哲学 7 中間集団が開く公共性』東京大学出版会，293-331.

————，2002b,「高齢者運動」目加田説子編『市民の道具箱』岩波書店，120-121.

————，2005a,「福祉 NPO 概念の検討と日本への応用」,『大原社会問題研究所雑誌』，No.554, pp.15-27

————，2005b,「福祉 NPO の展開と福祉社会学の研究課題」,『福祉社会学研究 2』，12-32

————，2006,「米国のシニアムーブメントはなぜ成功したか」『社会学評論』日本社会学会，57(2): 275-291

————，2007,「社会政策と NPO」『社会政策研究—特集・市民活動・NPO と社会政策』東信堂，7: 17-36.

————，2008a,『福祉 NPO の社会学』東京大学出版会.

————，2008b,「介護 NPO の達成と課題」上野千鶴子・大熊由紀子・大沢真理・神野直彦・副田義也編『ケアその思想と実践 6 ケアを実践するしかけ』岩波書店，99-115.

————，2012,「福祉コミュニティと福祉 NPO——岡村理論と NPO 理論の相補性」牧里毎治・高森敬久・岡本榮一編『岡村理論の継承と展開 第 2 巻 自発的社会福祉と地域福祉』ミネルヴァ書房 ,194-220.

————，2013,「福祉ボランティアと NPO——福祉社会学の論点」藤村正之編『シリーズ福祉社会学 3 協働性の福祉社会学 個人化社会の連帯』東京大学出版会，183-202.

————，2017a,「介護保険のパラドクス——成功なのに失敗？」SYNODOS（2017/04/13 公開）

————，2017b,「グローバル資本主義の中の『非営利』——『バーチャル政府』の意外な可能性」SYNODOS（2017/06/17 公開）

本書はＪＳＰＳ科研費（ＪＰ２０Ｈ０１５７４）の助成を受けたものです。

［著者略歴］

安立清史（あだち・きよし）

一九五七年、群馬県生まれ。九州大学名誉教授。

専門は、福祉社会学、ボランティア・NPO論。

著書に、『福祉の起原』（弦書房、二〇二三）、『ボランティアと有償ボランティア』（弦書房、二〇二二）、『21世紀の《想像の共同体》――ボランティアの原理　非営利の可能性』（弦書房、二〇二一）、『超高齢社会の乗り越え方――日本の介護福祉は成功か失敗か』（弦書房、二〇二〇）、『福祉NPOの社会学』（東京大学出版会、二〇〇八）、『介護系NPOの最前線――全国トップ16の実像』（共著、ミネルヴァ書房、二〇〇三）、『ニューエイジング：日米の挑戦と課題』（共著、九州大学出版会、二〇〇一）、『高齢者NPOが社会を変える』（共著、岩波書店、二〇〇〇）、『市民福祉の社会学――高齢化・福祉改革・NPO』（ハーベスト社、一九九八）など。

福祉社会学の思考

二〇二四年　三　月三一日発行

著　者　安《あ》立《だち》清《きよ》史《し》
発行者　小野静男
発行所　株式会社　弦書房
（〒810・0041）
福岡市中央区大名二―二―四三
ELK大名ビル三〇一
電　話　〇九二・七二六・九八八五
FAX　〇九二・七二六・九八八六

組版・製作　合同会社キヅキブックス
印刷・製本　シナノ書籍印刷株式会社

ISBN978-4-86329-284-0　C0036

◆弦書房の本

福祉の起原

安立清史　戦争と福祉——そのはざまで新たな「起原」は何度もやってくる。戦争、疫病、災害、などによって分断されていく社会。現実の選択肢の中に、正解はないかもしれない。もうひとつの可能性をつかみ直すために必要なこととは何か。
〈四六判・208頁〉1950円

ボランティアと有償ボランティア

安立清史　個人や非営利団体が継続的に活動を続けるためには、どういう枠組みを作ればよいのか。「労働」観、「仕事」観が崩れていく時代で、まったく新しいボランティアの見方を描こうという試み。〈有償ボランティア〉という概念はなぜ必要なのか。
〈四六判・180頁〉1800円

21世紀の《想像の共同体》
ボランティアの原理　非営利への可能性

安立清史　格差（貧富、地域、年齢、性別…）に覆われた時代の乗り越えを可能にする、そのキーワードは「想像力」。グローバリズムのその先、そして新たな《想像の共同体》をつくり出すための糸口を、ボランティアや非営利の活動の中に求める、思索の書。
〈四六判・190頁〉1800円

超高齢社会の乗り越え方
日本の介護福祉は成功か失敗か

安立清史　日本社会をおおっている「高齢社会」を悲観する考え方から脱するにはどうすればよいのか。定年問題や介護福祉制度が行きづまる社会の中で、マイナス思考をプラス思考へ転じるために私たちにできることは何か。
〈A5判・200頁〉1800円

◉FUKUOKA *U* ブックレット❸
考える人・鶴見俊輔

黒川創／加藤典洋　「狂気を沈めたリベラル」鶴見俊輔の仕事を読み解く。いつだって鶴見俊輔はあたらしい。時代の転換点にいつも彼は呼び出されてきた。作家・黒川創と文芸評論家・加藤典洋が、戦後思想の巨人を縦横に語る。
〈A5判・96頁〉【2刷】　780円

＊表示価格は税別